ALT CHILE KOGEBOGEN

Oplev chiliens rige og krydrede verden med disse mundrette 100 opskrifter med oksekød, kylling, vegetarisk, vegansk og mere

Pernille Löfgren

INTRODUKTION

Chili er den ultimative comfort food - den er varm, krydret og altid tilfredsstillende. Uanset om du foretrækker din chili mild eller varm, med bønner eller uden, er der en opskrift derude for alle.

I denne kogebog er vi glade for at dele 100 lækre og unikke chiliopskrifter, som helt sikkert vil imponere. Fra klassisk oksekød chili til vegetariske muligheder som sød kartoffel og sorte bønner chili, vi har noget for enhver smag.

Vores opskrifter er nemme at følge med trin-for-trin instruktioner og nyttige tips til at sikre, at dine retter bliver perfekt hver gang. Vi vil også dele nogle baggrundsoplysninger om chili og dens historie, samt tips til at mestre de unikke smage og teknikker, der gør denne ret så speciel.

Så tag med os på denne rejse for at opdage chiliens kunst. Med vores 100 opskrifter vil du være i stand til at varme dine smagsløg op og imponere dine venner og familie med dine kulinariske færdigheder.

I denne kogebog finder du:

- ✓ Klassiske oksekød chili opskrifter
- ✓ Chili opskrifter med kylling, kalkun og svinekød
- ✓ Vegetariske og veganske chiliopskrifter
- ✓ Chili opskrifter med bønner og uden
- ✓ Unikke drejninger på traditionelle favoritter
- ✓ Tips til at perfektionere chili-tilberedningsteknikkerne
- ✓ Information om chili historie og kultur
- ✓ Lækre billeder af hver ret

Og så meget mere! Så uanset om du ønsker at imponere dine middagsgæster eller blot nyde nogle solide og krydrede måltider, er denne kogebog noget for dig.

1.   <u>Hvid chili</u>

INGREDIENSER:

- 1 spsk kokosolie
- 1 mellemstor løg, hakket
- 3 fed hvidløg, knust
- 1 (4-oz) dåse hakket grøn chilipeber
- 8 ounce svampe, skåret i skiver
- 2 tsk stødt spidskommen
- 1 tsk tørret oregano
- 4 kopper kyllingebensbouillon (2 kartoner)
- 4 kopper kogt kalkun i tern
- 2 (15-oz) dåser hvide bønner (great northern, cannellini eller kikærter)
- 1 kop revet Monterey Jack ost
- Friske persilleblade til pynt

INSTRUKTIONER:

a) Varm olien op i en stor gryde ved middel varme.

b) Tilsæt løg og hvidløg. Kog langsomt indtil dufter.

c) Bland den grønne chilipeber, champignon, spidskommen og oregano i. Fortsæt med at lave mad og rør blandingen, indtil den er mør, cirka 3 minutter.

d) Tilsæt knoglebouillon, kalkun og hvide bønner. Lad det simre i 15 minutter, under omrøring af og til.

e) Anret chilien. Tilsæt ost og pynt med persilleblade. God fornøjelse!

2.   <u>One-Pot Turkey Chili Mac</u>

INGREDIENSER:
- 1 spsk kokosolie
- 1 pund malet kalkun
- ½ tsk kosher salt
- ¼ kop løg, i tern
- 2 stilke selleri i tern
- ½ kop peberfrugt, skåret i tern
- 4 kopper kyllingebensbouillon (2 kartoner)
- 1 (16-oz) krukke mellem tyk og tyk salsa
- 1 (15-16 oz) dåse røde kidneybønner med reduceret natrium, drænet
- 1 (1,25-oz) pakke chili-krydderiblanding
- 8 ounce albuemakaroni
- 2 ounce cheddarost, skåret i tern
- 1 (8-oz) dåse uden salt-tilsat tomatsauce
- Persilleblade til pynt

INSTRUKTIONER:

a) Varm olie i en stor gryde over medium-høj. Læg malet kalkun i gryden og smag til med salt. Kog 3-4 minutter, brug din spatel til at smuldre kødet.

b) Rør løg, selleri og peberfrugt i, kog i 2 minutter mere, indtil kalkunen er gennemstegt. Tilsæt bouillon, salsa, bønner og krydderiblanding. Bring i kog.

c) Rør pasta i; kog i 8 minutter, rør af og til. Skær imens osten i små tern. Rør tomatsauce i og kog i 1 minut mere. Server chilien med ost og persille.

3. <u>Hjertelig græskar chili</u>

Gør: 4 portioner

INGREDIENSER:
- 2 spsk olie
- 1 stort løg, hakket
- 15 ounce dåse bønner
- 2 fed hvidløg
- 15 ounce kan hele kernemajs, drænet og skyllet
- 1 spsk chilipulver
- 15 ounce dåse tomater i tern, med juice
- 1 tsk stødt spidskommen
- 15 ounce dåse græskarpuré
- ½ tsk sort peber
- 1½ dl vand eller bouillon
- 1 tsk salt

INSTRUKTIONER:
a) Skyl og dræn bønner og majs i et dørslag.
b) Varm olie op i en stor gryde over medium-høj varme. Tilsæt løg.
c) Kog, omrør ofte, indtil de er møre.
d) Tilsæt hvidløg. Kog i 1 minut under konstant omrøring.
e) Tilsæt tomater og deres juice, græskar, vand, chilipulver, spidskommen, hvidløg/løgpulver, salt og peber. Bring i kog. Reducer varmen til lav. Tilsæt bønner og majs.
f) Dæk til og kog under omrøring i 15-20 minutter.

4.   <u>Vildt chili</u>

INGREDIENSER:

- ½ lb. pinto eller røde bønner
- 4 lbs. grofthakket vildt (hals, flanke, tallerken, bryst, rund, bag, skaft) 1½ t. kommenfrø
- ½ c. hakket suet eller somage skåret i julienne strimler
- 6 gode løg, hakket
- 2-4 fed hvidløg, hakket
- 1 t. oregano
- 3 T. frisk chilipulver
- 1 stor dåse italienske flåede tomater
- 1 lille dåse grøn chili
- Salt og peber
- Et strejf af Tabasco sauce (valgfrit)
- 2 T. instant masa harina eller Polenta

INSTRUKTIONER:

a)   Vask bønnerne, dæk med frisk koldt vand, bring det i kog og lad det simre i 2 minutter; lad stå, tæt tildækket, 1 time. Tilbered kød (stuvning udskæringer er bedst, hvis fedtfri) ved at skære i 1-tommers terninger.

b)   Kom spidskommen i en stegepande over medium varme og hold dem i bevægelse, indtil de ryger og bliver toastfarvede; fordel dem derefter på en flad overflade og knus dem med en kagerulle. Smelt nu suet eller sowbelly i en stor stegepande; du kan erstatte nok vegetabilsk olie eller anden fedtstof til at dække bunden af gryden, men du mister kødsmag.

c)   Så snart fedtet er smeltet eller begynder at syde, tilsæt et par kødstykker ad gangen og svits ved at vende terninger for at forsegle alle sider.

d)   Sænk varmen og tilsæt løg og hvidløg, rør af og til, indtil løgene er gennemsigtige. Tilføj udtørret spidskommen, oregano og det friskeste chilipulver, du kan få; rør for at beklæde kødet med krydderier, tilsæt tomater og grønne chilier, og bring det til kogepunktet, og reducer derefter varmen til at simre.

e)   Bring iblødsætningsbønnerne i kog igen, og lad dem boble næsten umærkeligt, indtil de er møre - 30 minutter til en time, afhængig af bønner.

f)   Hold i mellemtiden øje med kødblandingen for at se, at den ikke bliver for tør, tilsæt vand eller bouillon efter behov for at bevare en ret flydende konsistens. Smag til krydderier, tilsæt eventuelt salt og peber og et skvæt Tabasco, som dine smagsløg bestemmer.

g)   Efter ca. 1½ time (tiden vil afhænge af kvaliteten og sejheden af vildtkødsudskæringer) prøves kødet; hvis det er mørt, skum det overskydende fedt af - eller stil det på køl natten over for at lade fedtet koagulere for nem fjernelse. Tilføj masa harina for fortykning.

h)   Kombiner derefter chili med kogte bønner, bring tilbage til kogepunktet, og lad smagene smelte sammen i yderligere 30 minutter.

5. Polenta-Toppet Tyrkiet Chili Pie

Gør: 8

INGREDIENSER:
- 6 spsk rapsolie
- ¾ kop universalmel
- 2 tsk bagepulver
- 1 æg, pisket
- 1 løg, hakket
- ¾ kop fin Polenta
- 2 fed hvidløg, hakket
- 1½ tsk kosher salt
- Madlavningsspray
- 2 (14,5 ounce) dåser ildstegte tomater, udrænede
- 1½ pund mager malet kalkun
- 4 ounce skarp cheddarost, revet
- 1 kop usaltet hønsefond
- 2 spsk chilipulver
- Friske korianderblade
- 15-ounce dåse sorte bønner, drænet og skyllet
- ¾ kop 2% fedtfattig mælk

INSTRUKTIONER:
a)	Opvarm 2 spsk olie i en stegepande.

b)	Tilsæt kalkun og løg og sauter indtil de er brunet i cirka 7 minutter.

c)	Tilsæt hvidløg, chilipulver og 1 tsk salt i cirka 1 minut.

d)	Overfør til en Crockpot, der er blevet sprøjtet med madlavningsspray.

e)	Bland tomater, bouillon og bønner i, indtil det er godt blandet.

f)	Sigt bagepulver, mel, Polenta og det resterende salt.

g)	Tilsæt æg, mælk, ost og den resterende rapsolie for at lave en dej.

h)	Hæld Polenta-dejen over kalkunblandingen i slowcookeren. Kog i 4 timer og 30 minutter.

6.   Chili sød kartoffel gratin

Gør: 6 portioner

INGREDIENSER:

* 2 dåser (10 ounce) mild enchiladasauce (2 kopper)
* 1 kop vand
* 2 store hvidløg
* nelliker; hakket og moset til en pasta
* 5 store søde kartofler; (ca. 3 1/2 lbs)
* 1⅓ kop groft revet Monterey Jack ost; (ca. 6 ounce)

INSTRUKTIONER:

a) Forvarm ovnen til 375F. I en stor gryde simrer enchiladasauce, vand og hvidløg med salt efter smag, omrør lejlighedsvis, 5 minutter.

b) Skræl kartoflerne og skær dem på kryds og tværs i ⅛-tommer tykke skiver. Læg en fjerdedel af kartoflerne i koncentriske cirkler, som overlapper lidt, og drys med ⅓ kop ost. Fortsæt med at lægge de resterende kartofler og ost i lag på samme måde, og slut med ost.

c) Hæld saucen langsomt over kartoflerne, lad den sive mellem lagene, og bag gratin i en lav bradepande (det kan boble over) midt i ovnen 1 time, eller indtil kartoflerne er møre.

d) Gratin kan laves 2 dage i forvejen og afkøles tildækket.

e) Opvarm gratin, tildækket, i ovnen.

7.   <u>Tomat Chili Med Taco Nøddekød</u>

Gør: 4 portioner

INGREDIENSER
3 kopper frøede og hakkede tomater
1 kop frøet og hakket, blandet rød og grøn peberfrugt
¼ kop hakket selleri
¼ kop hakket gult løg
1/3 kop hakket champignon (enhver type)
1/3 kop majskerner
1 tsk hakket hvidløg
2 tsk chilipulver
1 tsk stødt spidskommen
¾ tsk tørret oregano
¼ tsk havsalt
1 opskrift Taco nøddekød

INSTRUKTIONER
Kom alle ingredienserne i en røreskål og blard godt. Overfør en tredjedel af blandingen til en højhastighedsblender og puré. Læg puréen tilbage i røreskålen.

For at servere skal du dele mellem fire serveringsskåle. Top hver portion med Taco Nut Meat, og nyd.

8.   <u>Bønne og kylling chili</u>

Gør: 8-10

INGREDIENSER:
- 1-pund kyllingebryst, udbenet og uden skind
- 2 spsk olivenolie (ekstra jomfru)
- 1 mellemstor løg i tern
- 2 fed hvidløg
- 2 dåser (15 ounce hver) marinebønner, drænet og skyllet
- 1 kop friske eller frosne majskerner
- 1 4 ounce kan hakke grønne chilier
- ⅛ teskefuld cayennepeber
- 3 kopper vand
- 2 kopper revet Monterey Jack ost
- 2 spsk frisk koriander, hakket
- 2 tsk chilipulver
- 2 tsk stødt spidskommen

INSTRUKTIONER:
a) Gnid kyllingen med salt og peber.
b) Opvarm olien i en stegepande over høj varme, tilsæt derefter kyllingestykkerne og steg under omrøring, indtil de er gyldenbrune.
c) Skru ned for varmen og rør løg og hvidløg i.
d) Kog, under omrøring af og til, i 5-6 minutter, eller indtil løget er gennemsigtigt.
e) Tilsæt bønner, majs, peberfrugt, krydderier og vand.
f) Bring i kog, reducer derefter varmen og kog uden låg i 1 time.
g) Drys hver portion med en skefuld ost og lidt koriander.

9.   <u>Vilde ris og Chili Dip</u>

Gør: 4 til 6 portioner

INGREDIENSER:

- 12 ounce kogte linser
- 1/4 kop gærfri grøntsagsbouillon
- 1/4 kop hakket grøn peberfrugt
- 1/2 fed hvidløg, presset
- 1 kop hakkede tomater
- 1/4 kop hakket løg
- 2 ounce flødeost
- 1/2 spsk chilipulver
- 1/2 tsk spidskommen
- 1/4 tsk havsalt
- Dash paprika
- 1/2 kop kogte vilde ris

INSTRUKTIONER

a) I en lille gryde koges linser og grøntsagsbouillon.

b) Tilsæt løg, peberfrugt, hvidløg og tomater og steg i 8 minutter ved middel varme.

c) Kombiner flødeost, chilipulver, spidskommen og havsalt i en blender, indtil det er glat.

d) Kombiner ris, flødeostblanding og linsegrøntsagsblanding i en stor røreskål og vend godt rundt.

10. <u>Chili con Carne</u>

INGREDIENSER:

- Hakket/hakket oksekød 500g
- 1 stort løg hakket
- 3 fed hvidløg
- 2 dåser hakkede tomater 400g
- Pres af tomatpuré
- 1 tsk chilipulver (eller efter smag)
- 1 tsk stødt spidskommen
- skvæt Worcester sauce
- Drys salt og peber
- 1 hakket rød peber
- 1 dåse drænede kidneybønner 400g

INSTRUKTIONER:

a) Steg løget i en varm pande med olie, indtil det næsten er brunt, og tilsæt derefter hakket hvidløg

b) Tilsæt farsen og rør indtil brun; dræn eventuelt overskydende fedt fra

c) Tilsæt alle tørrede krydderier og krydderier, reducer derefter varmen og tilsæt hakkede tomater

d) Rør godt rundt og tilsæt tomatpuré og Worcestershire sauce og lad derefter simre i cirka en time (mindre hvis du har travlt)

e) Tilsæt den hakkede røde peber og fortsæt med at simre i 5 minutter, tilsæt derefter dåsen med afdryppede kidneybønner og kog i yderligere 5 minutter. Hvis chilien på noget tidspunkt bliver tør, skal du blot tilføje lidt vand.

f) Server med ris, jakkekartofler eller pasta!

11. <u>Jamaicansk squashsuppe</u>

GØR4

INGREDIENSER:
- 1 stort løg, pillet og hakket
- 1 gulerod, skrællet og hakket
- 1 jalapeño, peberfrugt, frø fjernet, finthakket
- 3 spsk smør
- 2 tsk stødt spidskommen
- 2 tsk stødt koriander
- ½ tsk stødt kanel
- ½ tsk cayennepeber
- ½ tsk chilipulver
- 1 stor spaghetti squash, skrællet og skåret i tern
- Kyllingefond til at dække grøntsager, ca. 3 kopper
- Saft af 1 appelsin
- Saft af 1 lime

ANCHO CREME
- 2 til 3 ancho chili, halveret, stilket og frøet
- 6 spsk mandelmælk
- 4 spsk creme fraiche
- Salt
- Peber
- Limesaft efter smag

INSTRUKTIONER:

a) I en stor tyk gryde, sved løg, gulerod og Jalapeno peber i smør, indtil de er bløde

b) Tilsæt spidskommen, koriander, kanel, cayenne og chilipulver

c) Kog i yderligere 2 minutter ved lav varme

d) Tilsæt squash

e) Dæk blandingen med bouillon, saft af en appelsin og saft af lime. Lad det simre, indtil squashen er blød, cirka ½ time

f) Tillad afkøling

g) Purér blandingen i processor eller brug en stavblender

h) Kom suppen tilbage i gryden, smag til med salt og peber

i) Genopvarm og juster krydderier om nødvendigt

j) Rør i Ancho Cream

k) Pynt med creme fraiche fortyndet med noget tung fløde

l) Placer dup i midten af en suppeskål og brug en tandstikker til at trække fra midten til ydersiden og danne en stjerne eller edderkoppespind

12. <u>Lagniappe chili</u>

Gør: 40 portioner

INGREDIENSER:
- 1 pund tørrede pinto bønner
- 6 liter vand eller oksefond
- 2 laurbærblade
- 3 ounce tørrede tomater
- 1 spsk salvie
- 1 tsk oregano
- 3 tsk cayennepulver
- 1 spsk sort sennepsfrø; ristede
- 1 spsk Spidskommen frø; ristede
- ½ kop Worcestershire sauce
- ½ kop Nuoc mam
- ¼ kop sort peber
- ¼ kop varm paprika
- ¼ kop stødt spidskommen
- 4 store chipotle peberfrugter; revet i stykker
- 2 store Jalapeno peberfrugter; hakket
- 2 pund Friske tomater; hakket
- 1 dåse (28-oz) flåede tomater; hakket
- 12 ounce tomatpure
- 2 hoveder hvidløg; trykket
- 2 store gule løg; hakket
- 4 spsk rapsolie
- 1 pund Kielbasa
- 3 pund hakket oksekød
- 2 spsk tørrede rejer
- 1 kop røget østers
- ¼ kop honning
- Salt efter smag

INSTRUKTIONER:
a) Udblød pinto bønner natten over. Næste morgen drænes bønnerne, og kassér dem, der flyder.

b) Varm vand eller oksefond op, tilsæt pintos. Bring langsomt i kog, reducer varmen, tilsæt laurbærblade og lad det simre i to timer. Mens bønnerne simrer, lægges en spiseskefuld spidskommen og en spiseskefuld sorte sennepsfrø i en lille tør stegepande. Tænd for varmen, og kog under konstant omrøring, indtil frø *bare* begynder at poppe. Fjern straks fra varmen, og knus i en morter og støder eller foodprocessor. Reservere.

c) Tilsæt derefter alle tørre krydderier, tomater og chipotlepeber til bønnerne. Rør grundigt. Tilsæt worcestershire sauce og nuoc mam, omrør. Kom fire spiseskefulde olie i en stor stegepande, hak løg og jalapenopeber, og steg ved medium varme, indtil løgene er gennemsigtige. Tilsæt til chiligryden, rør rundt. Skær et pund kielbasa i skiver, brun i stegepande, tilsæt chili. Brun nu tre pund hakket oksekød, hak med spatel i mundrette bidder. Fjern fra varmen, afdryp og tilsæt chili.

d) Tryk nu to hoveder (ca. 25 fed) hvidløg ned i chilien. Tilsæt tørrede rejer og røgede østers. Rør rundt, bring i kog, reducer til medium simre, og kog tildækket i yderligere en til to timer under omrøring af og til. Cirka femten minutter før servering tilsæt en kvart kop honning, rør rundt og salt efter smag. Fjern fra varmen, og server.

13.   <u>Gungo ærtesuppe</u>

GØR6-8

INGREDIENSER:
- 2 kopper (400 g) tørrede gungo- eller dueærter
- 1 røget skinkehase
- 2 mellemstore løg, skåret i store stykker
- 2 gulerødder, skåret i store stykker
- 1 stilk selleri, med blade
- 2 skotsk hætte eller jalapeño chili, fjernet og skåret i tern
- 1 fed hvidløg, hakket
- 1 laurbærblad
- 1 tsk knuste friske rosmarinblade eller ¼ tsk knust tørret rosmarin
- 1 portion Spinnere

INSTRUKTIONER:
a) Forbered spinnerne
b) Vask ærterne og kom dem i en skål. Tilsæt nok vand til at dække og lad det ligge i blød natten over. Dræn og sæt til side.
c) Tilsæt 6 kopper vand til en gryde og tilsæt skinkehase, løg, gulerødder, selleri, chili, hvidløg, laurbærblad og rosmarin. Bring i kog, reducer varmen til lav, og lad det simre i 45 minutter. Si fonden, gem skinkehaserne og kassér grøntsagerne. Skum fedtet fra fonden.
d) Kom fonden og skinkehajen tilbage i gryden sammen med de udblødte ærter. Lad det simre ved svag varme, indtil ærterne er møre, cirka 2 timer. Fjern halvdelen af ærterne fra suppen med en hulske og purér i en foodprocessor.
e) Kom puréen tilbage i suppen.
f) Tilsæt de tilberedte Spinners til suppen og varm igennem.

14.   <u>Majs og rejesuppe</u>

GØR 8 SERVERINGER

INGREDIENSER:
- 2 pund mellemstore rejer i skaller med hoveder
- 8 aks majs
- 1 stang smør
- ½ kop universalmel
- 1 stort løg, hakket
- 3 grønne løg, hakkede, hvide og grønne dele adskilt
- 1 grøn peberfrugt, hakket
- 2 selleristængler, hakket
- 1 tsk hakket hvidløg
- 1 (10-ounce) dåse originale Ro-Tel-tomater og grønne chilier
- Salt, friskkværnet sort peber og kreolsk krydderi efter smag
- ½ pint tung creme
- 2 spsk hakket fladbladet persille

INSTRUKTIONER:

a) Fjern hovedet, pil og fjern rejerne ved at placere hovederne og skallerne i en stor gryde. Stil rejerne til side i køleskabet.

b) Brug en meget skarp kniv til at skære kernerne af majskolberne i en meget stor skål. Brug en sløv bordkniv til at skrabe kolberne for at frigive al majssaften i skålen. Sæt til side.

c) Kom majskolberne i gryden med rejeskallerne. Tilsæt nok vand til at dække skaller og kolber og bring det i kog. Reducer varmen til medium og lad det simre i 30 minutter uden låg. Når den er lidt afkølet, si fonden i et stort målebæger og kasser skallerne og kolberne. Du skal have 8 kopper lager; hvis ikke, tilsæt nok vand til at lave 8 kopper væske.

d) I en stor, tung gryde, smelt smørret over medium varme; tilsæt melet, og kog under konstant omrøring, indtil rouxen får farven som smørkaramel.

e) Tilsæt løget, de hvide dele af de grønne løg, peberfrugten, sellerien og hvidløget og kog indtil løgene er gennemsigtige. Tilsæt tomaterne og rør gradvist fonden i. Smag til med salt, peber og kreolsk krydderi og lad det simre under låg i cirka 15 minutter. Tilsæt majs og kog 10 minutter længere. Tilsæt rejerne og kog indtil de er lyserøde, cirka 2 minutter. Tilsæt fløde, grønne løgtoppe og persille. Når du er klar til servering, opvarmes forsigtigt. Må ikke koge.

15.   <u>Brunswick Stew</u>

Gør: 8 TIL 10 SERVERINGER

INGREDIENSER:
- 6 kopper hønsebouillon
- 2 kopper Slow Cooker BBQ Pulled Pork
- 2 kopper hakket kylling, kogt
- 2 kopper frosne eller tørre lima bønner
- 3 mellemstore rødbrune kartofler, skrællet og skåret i tern
- 1 (14-ounce) dåse tomater i tern i tomatjuice
- 1 stort rødløg i tern
- 1½ kopper frosne ærter og gulerødder
- 1½ kopper frossen okra
- 1 kop frosne majs
- 1 kop hickory BBQ sauce
- 3 fed hvidløg, hakket
- 2 spsk Worcestershire sauce
- 2½ tsk kryddersalt
- 1 tsk kværnet sort peber
- ½ tsk stødt spidskommen

INSTRUKTIONER:
a) Tilføj alle ingredienserne til en 6-quart langsom komfur. Rør indtil alt er godt indarbejdet. Læg låg på slowcookeren, og sæt varmen på lav.
b) Kog i 5 timer, og server derefter. Eventuelle rester kan opbevares i en lufttæt beholder i køleskabet i op til 5 dage.

16. <u>Bønne- og rissuppe</u>

Gør: 4

INGREDIENSER:
- 2 kopper kylling, kogt og skåret i tern
- 1 kop langkornet ris, kogte
- 2 15-ounce dåser pinto bønner, drænet
- 4 dl hønsefond
- 2 spsk Taco krydderblanding
- 1 kop tomatsauce

Toppings:
- Revet ost
- Salsa
- Hakket koriander
- Hakket løg

INSTRUKTIONER:
a) Læg alle ingredienser i en medium gryde. Rør forsigtigt.
b) Kog over medium varme, lad det simre i cirka 20 minutter, mens du rører af og til.
c) Server med toppings.

17.   <u>Rissuppe</u>

Gør: 4

INGREDIENSER:
- 4 store selleristængler
- 3 store gulerødder
- 1 mellemstor hvidløg
- 1 tsk tørret timian
- 1 tsk tørret persille
- 1 tsk hvidløgspulver
- 1 tsk salt
- ½ tsk malet salvie
- 1 spsk kokos aminosyrer
- 4 kopper grøntsagsbouillon
- 2 kopper vand
- 2/3 kop langkornet hvide ris
- 1 dåse pinto bønner (15 oz. dåse)

INSTRUKTIONER:
a) Skær eller skær grøntsagerne i mundrette stykker.
b) Sæt en stor gryde på komfuret og tænd på medium varme. Spray bunden af gryden med avocadoolie eller olivenoliespray. Tilføj grøntsager.
c) Kog grøntsagerne i 3-4 minutter.
d) Efter 3-4 minutter tilsættes krydderier, laurbærblad og kokosnødde aminosyrer. Rør og kog 1-2 minutter mere.
e) Mens grøntsagerne koger, skylles risene godt.
f) Tilsæt ½ kop grøntsagsbouillon og skrab bunden/siden af gryden og fjern eventuelle brune stykker fra bunden.
g) Tilsæt resten af bouillon, vand og ris i gryden. Rør rundt og dæk til. Skru varmen op til høj.
h) Når suppen koger, skrues ned for varmen og koges i 15 minutter.
i) Mens suppen koger, skyl og dræn bønnerne. Og tilsæt dem til suppen.
j) Lige inden servering fjernes laurbærbladene. Serveres varm.

18.   <u>Bagt vegetabilsk gumbo creol</u>

Gør: 10 portioner
INGREDIENSER:
1 pund Frisk okra, diag. skåret i skiver
2 pakker frossen okra i skiver (10 oz)
Kogende saltet vand
1 ribbenselleri, skåret i skiver
2 peberfrugter i strimler
2 pakker frosne lima bønner (10 oz)
8 ører friske majskerner
2 pakker Frosne majs, optøet (10 oz)
Smør eller margarine
Brødkrummer
1 lille løg, hakket
4 modne tomater, skåret i skiver
2 Serrano chili, skåret i tynde skiver
1 tsk hakket frisk basilikum
½ tsk tørret basilikum, smuldret
Salt efter smag
Sort peber efter smag
½ kop strimlet Monterey Jack
INSTRUKTIONER:
a) Kog frisk okra kort i kogende saltet vand; dræne.
b) Blancher selleri i kogende saltet vand.
c) Tilsæt peberfrugt og limabønner og kog indtil de er lige møre; i løbet af de sidste 30 sekunder, tilsæt majs (må ikke overkoge), og dræn derefter grøntsagerne.
d) Smør et stort bradefad og drys med brødkrummer; tilsæt et lag majsbønneblanding og okra.
e) Kombiner løg, tomater og basilikum; ske lag af løg-tomat blanding over bundlag i fad.
f) Drys med chili og krydr med salt og peber.
g) Drys med smør og drys med brødkrummer.
h) Gentag lagdeling indtil gryden er fyldt.
i) Top med et lag okra, der er blevet dyppet i krummer og let sauteret i smør; drys jævnt med revet ost, hvis det ønskes.
j) Bages utildækket i forvarmet 300' over i 1 time.

19.   <u>Røde bønner Jambalaya</u>

Giver 4 portioner

INGREDIENSER:
- 1 spsk olivenolie
- 1 mellemstor gult løg, hakket
- 2 selleri ribben, hakket
- 1 mellemstor grøn peberfrugt, hakket
- 3 fed hvidløg, hakket
- 1 kop langkornet ris
- 3 kopper kogte eller 2 (15,5-ounce) dåser mørkerøde kidneybønner
- 1 (14,5 ounce) dåse tomater i tern, drænet
- (14,5 ounce) dåse knuste tomater
- (4-ounce) kan mild grøn chili, drænet
- 1 tsk tørret timian
- 1/2 tsk tørret merian
- 1 tsk salt
- Friskkværnet sort peber
- 21/2 dl grøntsagsbouillon
- 1 spsk hakket frisk persille, til pynt
- Tabasco sauce (valgfrit)

INSTRUKTIONER:
a) I en stor gryde varmes olien op over medium varme. Tilsæt løg, selleri, peberfrugt og hvidløg. Dæk til og kog indtil de er bløde, cirka 7 minutter.

b) Rør ris, bønner, hakkede tomater, knuste tomater, chili, timian, merian, salt og sort peber i efter smag. Tilsæt bouillon, læg låg på og lad det simre, indtil grøntsagerne er bløde og risene er møre, cirka 45 minutter.

c) Drys med persille og et skvæt Tabasco, hvis du bruger, og server.

20. <u>Røde bønner og ris</u>

GØR 8-10 SERVERINGER

INGREDIENSER:
- 1 pund tørrede kidneybønner
- 2 spiseskefulde vegetabilsk olie
- 1 stort løg, hakket
- 1 bundt grønne løg, hakkede, hvide og grønne dele adskilt
- 1 grøn peberfrugt, hakket
- 2 selleristængler, hakket
- 4 fed hvidløg, hakket
- 6 kopper vand
- 3 laurbærblade
- ½ tsk tørret timian
- 1 tsk kreolsk krydderi
- 1 skinkeben med lidt skinke på, helst eller 2 skinkehaser eller ½ pund skinkestykker
- Salt og friskkværnet sort peber efter smag
- 1 pund røget pølse, skåret i ½ tomme tykke runder
- 2 spsk hakket fladbladet persille, plus mere til servering
- Kogte langkornede hvide ris, til servering

INSTRUKTIONER:
a) Læg bønnerne i en stor gryde, dæk med vand, læg dem i blød natten over og dræn.
b) Varm olien op i en stor, tung gryde og sauter løgene, de hvide dele af de grønne løg, peberfrugten, sellerien og hvidløget.
c) Brun pølsen i en stor stegepande. Sæt til side.
d) Tilsæt bønner, vand, laurbærblade, timian, kreolkrydderi og skinke i gryden og bring det i kog. Reducer varmen, læg låg på, og lad det simre i 2 timer, rør af og til, og tilsæt pølsen 30 minutter før tilberedningen er færdig.
e) Fjern laurbærbladene, rør persillen i, og server i skåle med risene. Drys skåle med mere persille, hvis det ønskes.

21. Instant Pot bønner & Mushroom Gumbo

Gør: 4

INGREDIENSER:

- 3 fed hvidløg, hakket
- 1 kop champignon, skåret i skiver
- 1 kop kidneybønner, udblødt natten over
- 1 peberfrugt, hakket
- 2 spsk tamari sauce
- 2 mellemstore zucchini, skåret i skiver
- 2 dl grøntsagsfond

INSTRUKTIONER:

a) Tilsæt alle ingredienser i instant-gryden og rør godt.

b) Luk gryden med låg og kog ved høj temperatur i 8 minutter,

c) Tillad at slippe trykket naturligt i 10 minutter, og slip derefter ved hjælp af quick-release-metoden.

d) Rør godt rundt og server.

22.   <u>Gumbo Z'Herbes</u>

Giver 6 portioner

- 1/4 kop olivenolie
- 1 mellemstor løg, hakket
- 1 mellemstor grøn peberfrugt, hakket
- 1 selleri ribben, hakket
- 3 fed hvidløg, hakket
- 1/4 kop universalmel
- 1 (14,5 ounce) dåse tomater i tern, drænet
- 1 tsk tørret merian
- 1/4 tsk malet cayennepeper
- 7 dl grøntsagsbouillon
- 4 kopper hakket opstammet frisk spinat
- 4 kopper hakket grønkål
- 2 mellemstore bundter brøndkarse, seje stængler fjernet, hakket
- 1 mellemstor bundt cikorie
- Salt og friskkværnet sort peber
- 11/2 kop kogte eller 1 (15,5 ounce) dåse mørkerøde kidneybønner, drænet og skyllet
- 1 tsk Tabasco sauce, eller efter smag
- 1/2 tsk gumbo fil pulver (valgfrit)
- 3 kopper varmkogte langkornede hvide ris

a) I en stor suppegryde opvarmes olien over medium varme. Tilsæt løg, peberfrugt, selleri og hvidløg. Dæk til og kog indtil de er bløde, cirka 10 minutter.

b) Rør melet i, og kog under konstant omrøring, indtil melet bliver mørkere til en brunlig farve, cirka 10 minutter. Rør tomater, merian, cayenne og bouillon i og bring det i kog.

c) Tilsæt spinat, grønkål, brøndkarse og cikorie. Reducer varmen til lav, smag til med salt og sort peber, og lad det simre under omrøring af og til, indtil grøntsagerne er møre, cirka 20 minutter.

d) Tilsæt bønner, persille og Tabasco og kog 10 minutter længere.

e) Rør filpulver i, hvis det ønskes, og tag det af varmen.

f) Hæld 1/2 kop ris i hver lav suppeskål, hæld gumbo over risene og server.

23.   <u>Blandet korn chili</u>

Gør: 12

INGREDIENSER:

- 2 spsk olivenolie
- 2 skalotteløg, hakket
- 1 stort gult løg i tern
- 1 spsk frisk ingefær, fintrevet
- 8 fed hvidløg, knust
- 1 tsk stødt spidskommen
- 3 spsk rød peberpulver
- Salt
- Sort peber
- 28-ounce dåse knuste tomater
- 1 dåse chipotle peber, hakket
- 1 Serrano peber, frøet og hakket
- 3 hakkede forårsløg
- ⅔ kop bulgur
- ⅔ kop perlebyg
- 2¼ kopper blandede linser, skyllet
- 1½ dl kikærter på dåse

INSTRUKTIONER:

a) Varm olien op i en gryde ved høj varme og steg skalotteløg og løg i 4-5 minutter.

b) Sauter i 1 minut med ingefær, hvidløg, spidskommen og chilipulver.

c) Bland med tomater, peberfrugt og bouillon.

d) Bring ingredienserne i kog, undtagen forårsløg.

e) Reducer til lav varme og kog i 35 til 45 minutter, eller indtil den ønskede tykkelse er nået.

f) Serveres varm og drysses med forårsløg.

24. <u>Røde bønner og bulgur chili</u>

Giver 4 portioner

- 2 spsk olivenolie
- 1 mellemstor rødløg, hakket
- 1 mellemstor rød peberfrugt, hakket
- 3 fed hvidløg, hakket
- 2 spsk chilipulver
- 1/2 tsk tørret oregano
- 1 (14,5 ounce) dåse tomater i tern, drænet
- 2 kopper tomatsalsa
- 3 kopper kogte eller 2 (15,5 ounce) dåser mørkerøde kidneybønner, skyllet og drænet
- 1 kop vand
- 1 kop bulgur
- 1 (4-ounce) dåse hakket mild grøn chili, drænet

I en stor gryde varmes olien op over medium varme. Tilsæt løg og peberfrugt, læg låg på, og kog indtil det er blødt, cirka 7 minutter.

Rør hvidløg, chilipulver og oregano i, og kog uden låg, indtil dufter, 1 minut. Tilsæt tomater, salsa, bønner, vand, bulgur, chili og salt.

Læg låg på og lad det simre under omrøring af og til, indtil bulguren er mør og chilien er tyk og smagfuld, cirka 45 minutter. Server straks.

25.   <u>Hvide bønner, kalkun og pølse chili</u>

Udbytte: 6 portioner

ingredienser
- 1 (1 ounce) pakke varme italienske pølselinks
- 1 spsk olivenolie
- 2 kalkunkoteletter, skåret i mundrette stykker
- 1 spsk stødt spidskommen
- 1½ tsk hvidløgspulver
- 1 knivspids salt og kværnet sort peber efter smag
- 2 løg, hakket
- 8 fed hvidløg
- 4 (15 ounce) dåser hvide kidneybønner (cannellini), skyllet og drænet
- 3 (10,75 ounce) dåser med lavt natriumindhold kyllingebouillon
- 1 spsk stødt spidskommen
- 1½ tsk hvidløgspulver
- 2 peberfrugter jalapenopeberfrugter, hakket
- 2 peberfrugter hele jalapenopeberfrugter

Vejbeskrivelse

a) Forvarm ovnen til 350 grader F (175 grader C).

b) Pak pølserne ind i folie, læg dem på en bageplade, og bag dem i 30 minutter.

c) Varm olivenolie op i en stor støbejernspande ved middelhøj varme. Kog og rør kalkunen i varm olie, indtil den er jævn brunet, cirka 5 minutter.

d) Krydr kalkunen med 1 spsk spidskommen, 1 1/2 tsk hvidløgspulver, salt og sort peber. Tilføj løg og hvidløg til kalkunen; fortsæt med at koge og rør, indtil løget er blødt, 5 til 7 minutter.

e) Hæld de hvide kidneybønner og hønsebouillon i. Smag til med 1 spsk spidskommen og 1 1/2 tsk hvidløgspulver. Lad det simre ved middel varme, under omrøring af og til, i 30 minutter.

f) Bland den hakkede jalapeno og den hele jalapeno peber i, hvis det ønskes.

g) Tag pølserne ud af ovnen og skær dem i mundrette stykker. Rør pølsen i chilien.

h) Kog chilien, indtil de hele jalapenopeberfrugter er møre og chilien er tyk, cirka 15 minutter mere.

26.   <u>Sort bønnesuppe</u>

Gør: 8 portioner

INGREDIENSER:
- 4 fed hvidløg, hakket
- 8 ounce sorte bønner, vasket og gennemblødt natten over
- 7 kopper lav-natrium kyllingefond eller vand
- ½ kop flad øl
- ¾ kop mørk rom
- 2 løg, i tern
- 2 spsk smør eller margarine
- 1 kop selleri, finthakket
- 1 grøn peberfrugt, kernet og skåret i tern
- 1 rød peberfrugt, kernet og skåret i tern
- 2 chilipeber, frøet og hakket
- 2 gulerødder, skrællet og skåret i tern
- ½ kop knuste tomater på dåse
- 1½ spsk stødt spidskommen
- 1 tsk rød varm sauce
- ½ spsk chilipulver
- ½ tsk friskkværnet sort peber
- ½ tsk salt
- ¼ tsk cayennepeber
- 1 spsk frisk koriander, hakket

INSTRUKTIONER

a) Dræn de sorte bønner og kom dem sammen med bouillon, øl, rom, hvidløg og halvdelen af løgene i en gryde.

b) Kog under omrøring af og til i 1½ time ved lav varme.

c) Tilsæt op til 2 kopper kogende vand, og lad det simre i 15 minutter.

d) Purér bønneblandingen i en foodprocessor.

e) Smelt smør i en anden gryde. Tilsæt de resterende løg sammen med selleri, peberfrugt og gulerødder.

f) Sauter grøntsagerne i 5 til 7 minutter, eller indtil de er møre, men ikke grødede.

g) Tilsæt de sauterede grøntsager, knuste tomater, pureret blanding og krydderier til gryden.

h) Rør af og til, bring det i kog og kog i cirka 15 minutter.

i) Server straks med en klat creme fraiche eller yoghurt.

27. <u>Røde bønnesuppe</u>

Gør: 8 portioner

INGREDIENSER
- 1 løg, hakket
- 2 stængler selleri, hakket
- 6 Serrano eller Jalapeno chili, hakket
- 2 kopper tørrede kidneybønner
- ¼ pund salt svinekød
- 1½ liter vand
- Salt og peber efter smag

INSTRUKTIONER
a) Bland ingredienserne i en slowcooker.
b) Bring det i kog, sænk derefter varmen og lad det simre i tre timer.
c) Blend til det er glat og sigt derefter.
d) Server suppen varm fra komfuret.

28.   <u>Instant Pot Quinoa Chili</u>

Gør: 5

INGREDIENSER:

- 1/2 kop ukogt quinoa
- 1 spsk chilipulver
- 1 mellemstor løg, skåret i tern
- 1 chipotle peber i adobo sauce, finthakket
- 1 jalapeno, frø fjernet, skåret i tern
- 14 oz kidneybønner, drænet og skyllet
- 3 fed hvidløg, hakket
- 2 spsk tomatpure
- 2 peberfrugter i tern
- 28 oz tomater, i tern
- 1 tsk oregano
- 1/2 tsk paprika
- 1 tsk spidskommen
- 1 kop grøntsagsbouillon
- Salt og peber efter smag

INSTRUKTIONER:

a) Begynd at lægge ingredienserne til instant-gryden med løg, peberfrugt, hvidløgskrydderier og andre komponenter. Der er ingen grund til at blande det sammen.

b) Forsegl låget på instant-gryden, og sørg for, at ventilen er indstillet til "Seal".

c) Tryk på "Pressure Cook" og indstil timeren til mindst 5 minutter. Når timeren går i gang, lad trykket slippe naturligt i ca. 10 minutter. Så hvis svømmerventilen ikke er faldet endnu, drej forsigtigt ventilen til hurtig udløsning for at slippe trykket ud af instant potten.

d) Når svømmerventilen falder, kan du forsigtigt fjerne låget.

e) Smag til med salt, peber og server med det samme. Top med frisk koriander, plantebaseret creme fraiche og grønt løg.

29. Chili ramen gryderet

Gør: 4

INGREDIENSER:

- 3 pakker ramen nudler
- 2 (15 ounce) dåser chili med bønner
- 1 (15 ounce) dåser hakkede tomater
- 4-8 ounces revet ost

INSTRUKTIONER:

a) Hæld 6 C. vand i en 3 liters bradepande. Læg låget på og sæt det i mikrobølgeovnen i 3 til 4 minutter for at varme op.

b) Brug en bradepande til at knuse ramen lidt. Rør nudlerne i det varme vand i gryden.

c) Læg låg på og lad det koge i mikroovnen i 2 minutter. Rør nudlerne og kog det i yderligere 2 minutter.

d) Kassér det overskydende vand fra gryden og lad nudlerne blive i den.

e) Tilsæt tomaterne med chili og rør dem godt rundt.

f) Kog dem i mikroovnen ved høj temperatur i yderligere 5 minutter. Top ramen-gryden med revet ost.

g) Læg låg på og lad det sidde i flere minutter, indtil osten smelter.

h) Server din gryderet varm.

i) God fornøjelse.

30.   <u>Bål Chili</u>

INGREDIENSER:

- 1 pund hakket oksekød
- 1 stor dåse kidneybønner
- 1 dåse tomater i tern
- 1 dåse purerede tomater
- løg og grøn peber hvis det ønskes
- 1 kuvert chili krydderi blanding
- 1 æske Jiffy majs muffin mix

INSTRUKTIONER:

a) Når bålet lyser rødt, skal du arrangere dem i en ring omkring et tomt rum på størrelse med din gryde.

b) Stil en støbejernsgryde i rummet og tilsæt hakkebøffer, løg og peberfrugt. Kog og rør, indtil hakket oksekød er brunet igennem.

c) Tilsæt tomater, tomatpuré og krydderiblanding. Læg låg på gryden og lad den varme igennem.

d) Mens det varmer, tilbered muffinblandingen i henhold til pakkens anvisninger.

e) Når chilien er varm, fordeles den tilberedte muffinblanding over toppen af chilien.

f) Læg låget tilbage på gryden. Læg røde kul ovenpå låget og kog indtil majsbrødtoppen er færdig. Hvor lang tid dette vil tage afhænger af, hvor varme dine kul er. Det kunne være så lidt som 15-20 minutter; eller kunne være længere.

g) Fjern gryden fra ilden og server.

31. Majsbrød På Chili

Gør: 6-8 portioner

INGREDIENSER:

- 1 mellemstor løg, hakket
- 1 spsk smør eller margarine
- 2 dåser (15 ounce hver) chili med kød og bønner
- 1 dåse (11 ounce) majs i mexicansk stil, drænet
- 1 kop revet cheddarost
- 1 pakke majsbrødblanding (8x8-tommer pandestørrelse)

INSTRUKTIONER:

a) Forvarm ovnen til 425 grader.

b) I en stegepande sauteres løg i smør, indtil løgene er møre. Rør chili og majs i. Fordel chiliblandingen i en smurt 9x13-tommer gryde. Drys ost over toppen.

c) I en skål blandes majsbrødblandingen i henhold til pakkens anvisninger. Hæld dejen jævnt over chiliblandingen.

d) Bag 25 minutter, eller indtil majsbrød er gyldenbrunt og sat i midten.

32.   <u>Enchilada gryderet</u>

Giver: 6 portioner

INGREDIENSER:
- 1 pund hakkebøf, brunet og drænet
- 1 dåse (15 ounce) chili, enhver sort
- 1 dåse (8 ounce) tomatsauce
- 1 dåse (10 ounce) enchiladasauce
- 1 pose (10 ounce) Fritos majschips, delt
- 1 kop creme fraiche
- 1 kop revet cheddarost

INSTRUKTIONER:
a) Forvarm ovnen til 350 grader.
b) I en stor skål kombineres kogt oksekød, chili, tomatsauce og enchiladasauce. Rør to tredjedele af chipsene i. Fordel blandingen i en smurt 2-quart bradepande.
c) Bages uden låg i 24-28 minutter, eller indtil de er gennemvarmede.
d) Fordel creme fraiche ovenpå. Drys ost over creme fraiche. Knus de resterende chips og drys ovenpå.
e) Bag 5-8 minutter mere, eller indtil osten er smeltet.

33.   <u>Svinekød chili i Crockpot</u>

Gør: 8

INGREDIENSER

- 1 tsk sukker
- Spidskommen, 1 tsk
- 2 tsk oregano
- Salt, 1 tsk
- 3 pund udbenet svinekød, i tern
- 3 teskefulde tomatpure
- 2 løg, hakket
- Hakket hvidløg, 2 fed
- 2 spsk salatolie
- Piskefløde, ½ kop
- Vand, 1 kop

AT TJENE

- Tortilla chips
- Avocado
- Creme fraiche

INSTRUKTIONER:

a) Brun svinekød i Crockpot med olie.

b) Tilsæt løg, hvidløg, chilipulver, spidskommen og oregano.

c) Tilsæt svinekødet tilbage til gryden sammen med vand, sukker, salt og tomatpure.

d) Tilsæt fløde og kog ved lav temperatur i 1 time.

34. <u>Slankesuppe med kylling og bønner</u>

Gør: 8

INGREDIENSER:

- 200 g kyllingebryst
- Salt
- 1 stort hakket løg
- 1 tsk olivenolie
- 2 fed hvidløg, hakket
- 2 kopper hakkede cherrytomater
- 2 hakkede gulerødder
- 1 hakket grøn peber
- 1 hakket peber
- 1 spsk chilipulver
- 1½ tsk spidskommen
- 1 tsk gurkemeje
- 1 tsk paprika
- ¼ tsk tørret oregano
- 4 kopper lav-natrium kylling bouillon
- 2 kopper majs
- 500 g vaskede og drænede sorte bønner
- 1 kop frisk koriander
- 1 kop ost

INSTRUKTIONER:

a) Kog kyllingebrystet i en gryde fyldt med vand over medium-høj varme i 10 til 15 minutter; Skær den i stykker.

b) Hæld olivenolien i en stor gryde og varm op ved middel varme.

c) Tilsæt løg og hvidløg i cirka 5 til 8 minutter, eller indtil løget er gennemsigtigt.

d) Kom tomater, gulerødder, peberfrugt og pisk det godt sammen i blenderen eller foodprocessoren.

e) Tilsæt krydderierne og en teskefuld til gryden i trin 3. Tilsæt den strimlede kylling, blandingen fra trin 4, majsen, bønnerne og 2/4 kop koriander. Hvis du synes, suppen er for tyk, så kom vand.

f) Kog med gryden delvist tildækket i 30 minutter til en time, indtil majsene forbliver bløde.

g) Server suppen pyntet med osten og resten af korianderen.

35.   <u>Svinekød Posole</u>

Gør: 10

INGREDIENSER:
- 3-pund magert udbenet svinekødsskulder, trimmet og skåret i 1½-tommers stykker
- 1 spsk stødt spidskommen
- 1 tsk kosher salt
- 15-ounce dåse hvid hominy, drænet og skyllet
- 1 tsk sort peber
- 1 spsk rapsolie
- 1½ kopper hakket poblano chili
- 1½ dl hakkede gule løg
- 4 kopper usaltet hønsefond
- Radiser i tynde skiver
- 15-ounce dåse pintobønner uden salttilsætning, drænet og skyllet
- 1 kop salsa Verde
- Skåret spidskål i tynde skiver
- Friske oregano blade

INSTRUKTIONER:

36. Drys svinekødet jævnt med spidskommen, salt og sort peber. Varm olien op i en gryde ved moderat varme. Tilsæt halvdelen af svinekødet til stegepanden; kog, omrør lejlighedsvis, indtil de er gyldenbrune, cirka 4 minutter. Overfør til en Crockpot. Gentag proceduren med det resterende svinekød.

37. Tilsæt poblano chili og løg, og let karamelliseret, cirka 5 minutter.

38. Tilsæt ½ kop bouillon til stegepanden, og rør rundt for at løsne de brunede stykker fra bunden af stegepanden; overførsel til Crockpot.

39. Tilsæt salsa Verde, hominy, pinto bønner og de resterende 3½ kopper bouillon.

40. Kog langsomt indtil svinekødet er mørt, cirka 7½ time.

41. Mos nogle af bønnerne og hominy med en kartoffelmoser.

42. Server suppen med radiser i skiver, spidskål og oreganoblade.

36. <u>Mozzarella Chili gryderet</u>

Gør: 4

INGREDIENSER:

- 16 ounce ekstra magert hakket oksekød
- 28 ounce spaghetti sauce
- 16 ounce rotini pasta
- 16 ounce revet mozzarellaost

INSTRUKTIONER:

a) Kog pasta i kogende vand i 10 minutter eller indtil nudlerne er møre, men faste i smagen.

b) Forvarm ovnen til 350 F

c) Sprøjt en ildfast fad med madlavningsspray og stil til side.

d) Steg oksekød i en stor stegepande ved medium varme, indtil det er brunet jævnt og smuldrende. Dræn overskydende fedt fra gryden.

e) Tilsæt spaghetti sauce og pasta til oksekødet i gryden.

f) I den tilberedte ildfast fad arrangeres et lag kød efterfulgt af et lag ost og gentag, indtil ingredienserne er væk.

g) Bages i 25 minutter, eller indtil osten er smeltet og boblende.

37. Svinekød og peberfrugt Chili

Gør: 4

INGREDIENSER:
- 1 rødløg, hakket
- 2 punds svinekød, stødt
- 4 fed hvidløg, hakket
- 2 røde peberfrugter, hakket
- 1 selleri stilk, hakket
- 25 ounces friske tomater, skrællede, knuste
- ¼ kop grøn chili, hakket
- 2 spsk frisk oregano, hakket
- 2 spsk chilipulver
- Knip salt og sort peber
- Et skvæt olivenolie

INSTRUKTIONER:
a) Varm en sauterpande op med olien ved middelhøj varme og tilsæt løg, hvidløg og kød. Bland og brun i 5 minutter og overfør derefter til din slow cooker.

b) Tilsæt resten af ingredienserne, vend rundt, læg låg på og kog ved lav temperatur i 8 timer.

c) Fordel det hele i skåle og server.

38. <u>Crockpot Kylling Tacosuppe</u>

Gør: 6

INGREDIENSER:

- 2 frosne udbenede kyllingebryst
- 2 dåser hvide bønner eller sorte bønner
- 1 dåse tomater i tern
- ½ pakke tacokrydderi
- ½ tsk hvidløgssalt
- 1 kop hønsebouillon
- Salt og peber efter smag
- Tortilla chips, ost creme fraiche og koriander som toppings

INSTRUKTIONER:

g) Kom din frosne kylling i crock pot og læg også de andre ingredienser i poolen.

h) Lad koge i cirka 6-8 timer.

i) Efter tilberedning tager du kyllingen ud og river den i den størrelse du ønsker.

j) Læg til sidst den strimlede kylling i crockpoten og læg den på en langsom komfur. Rør rundt og lad koge.

k) Du kan også tilføje flere bønner og tomater for at hjælpe med at strække kødet og gøre det mere velsmagende.

39. Bønne Chii med Havmos

Gør: 4

INGREDIENSER:

- 1 Løg
- 3 fed hvidløg
- 1 dåse hakket tomat
- 2 spsk tomatpuré
- 1 kop røde kidneybønner
- ½ kop Butter Beans
- ½ kop Pinto bønner
- 1 kop gul/grøn peber
- 2 ounce Sea Moss gel
- 1 frisk chili
- 2 spiseskefulde flydende aminosyrer
- ½ teskefuld stødt spidskommen
- ½ tsk stødt koriander
- ½ terning gærfri grøntsagsfond
- Himalayasalt & knækket sort peber

INSTRUKTIONER:

a) Vask bønnerne (og afdryp) og grøntsager med filtreret vand, og hak derefter løg og peberfrugter.

b) Opvarm 50 ml alkalisk vand i en gryde, og tilsæt havmosgel, løg, hvidløg og peberfrugt for at dampstege, indtil det er blødt.

c) Tilsæt bønner, salt og peber. Kog i 5 minutter.

d) Tilsæt hakket tomat, puré, chili, spidskommen, koriander og Aminoer og knus i bouillonterningen.

e) Rør godt rundt og dæk med låg, lad det koge ved svag varme i 20 minutter.

f) Smag-test det, og tilsæt mere krydderi efter ønske.

g) Server med brune ris.

40. Chili kylling i kokosmælk

INGREDIENSER:

- 1 pund udbenet og skindfri kylling i tern
- 1 spsk rød chili sambal
- 3 spiseskefulde ghee
- ½ tsk sennepsfrø
- 8 friske karryblade
- 2 teskefulde ingefær-hvidløgspasta
- 2 små tomater, hakkede
- ½ tsk gurkemejepulver
- Bordsalt efter smag
- Vand efter behov
- Kokosmælk, til pynt

INSTRUKTIONER:

41. I en skål kombineres kyllingen og sambalen. Stil til side i 15 minutter.
42. Varm gheen op i en mellemstor stegepande. Tilsæt sennepsfrøene; når de begynder at sprøjte, tilsæt karryblade, ingefærpasta og tomater.
43. Sauter i cirka 8 minutter og tilsæt derefter gurkemeje og salt og rør godt rundt. Tilsæt ca. 1 kop vand og kog uden låg i 10 minutter.
44. Tilsæt kyllingen (sammen med al den røde chili sambal) og kog ved middel varme, indtil kyllingen er gennemstegt, cirka 5 minutter.
45. Pynt med kokosmælken og server varm.

41. <u>One-Pot Turkey Chili Mac</u>

INGREDIENSER:

- 1 spsk kokosolie
- 1 pund malet kalkun
- ½ tsk kosher salt
- ¼ kop løg, i tern
- 2 stilke selleri i tern
- ½ kop peberfrugt, skåret i tern
- 4 kopper kyllingebensbouillon (2 kartoner)
- 1 (16-oz) krukke mellem tyk og tyk salsa
- 1 (15-16 oz) dåse røde kidneybønner med reduceret natrium, drænet
- 1 (1,25-oz) pakke chili-krydderiblanding
- 8 ounce albuemakaroni
- 2 ounce cheddarost, skåret i tern
- 1 (8-oz) dåse uden salt-tilsat tomatsauce
- Persilleblade til pynt

INSTRUKTIONER:

d) Varm olie i en stor gryde over medium-høj. Læg malet kalkun i gryden og smag til med salt. Kog 3-4 minutter, brug din spatel til at smuldre kødet.

e) Rør løg, selleri og peberfrugt i, kog i 2 minutter mere, indtil kalkunen er gennemstegt. Tilsæt bouillon, salsa, bønner og krydderiblanding. Bring i kog.

f) Rør pasta i; kog i 8 minutter, rør af og til. Skær imens osten i små tern. Rør tomatsauce i og kog i 1 minut mere. Server chilien med ost og persille.

42. <u>One-Pot Pasta og Fagioli</u>

INGREDIENSER:
- 1 spsk ekstra jomfru olivenolie
- 1 pund magert hakkebøf
- Salt efter smag
- 1 tsk tørret oregano
- 1 mellemstor løg, skåret i tern
- 1 kop gulerødder, skåret i tern
- 2 selleristængler, skåret i skiver
- 1 stor tomat i tern
- 1 (15-ounce) dåse røde kidneybønner, skyllet og drænet
- 2 kopper oksebensbouillon
- 2 kopper spaghetti sauce
- 8 ounce pastaskaller
- 1-2 tsk varm sauce, valgfri
- ¼ kop hakket frisk persille
- Friskkværnet sort peber
- ½ kop revet eller friskrevet parmesanost

INSTRUKTIONER:
- I en stor gryde varmes olivenolie op over medium varme. Tilsæt hakket oksekød og bryd det op med en spatel. Kog indtil oksekødet begynder at brune. Imens smages til med salt og oregano.
- Tilsæt løg, gulerødder, selleri og tomater i gryden. Bland det godt sammen og kog i ca. 10 minutter, mens der røres af og til.
- Tilsæt bønner, oksebouillon, spaghetti sauce, efterfulgt af pastaskaller; dryp varm sauce i gryden, hvis du bruger; rør rundt og bland godt. Bring det i kog og lad det simre i 15-20 minutter ved middel-lav varme, eller indtil pastaen er mør.
- Tilsæt friskkværnet sort peber efter smag og rør persille i, og top med parmesanost. Anret, pynt med mere persille eller ost. God fornøjelse!

43. Szechuan oksekødsnudelsuppe

INGREDIENSER:
- 1 pund oksekød gryderet
- ¼ kop krydret chilibønnesauce
- 4 ounces brøndkarse
- 2 spsk brun farin
- 12-15 shiitakesvampe
- 5 spsk olivenolie, delt
- 4 æg, blødkogte
- 3 stjerneanis
- 8 ounce kinesiske nudler eller ramen eller udon
- 2 tsk fem-krydderi pulver
- 1-tommer chunk ingefær, skåret i skiver
- 2 spsk sojasovs
- 4 fed hvidløg, knust og skåret i grove skiver
- 1 stilk grønt løg, hakket til pynt
- 5 kopper oksebensbouillon
- sesamolie
- 1 spsk rødvin
- Salt og peber

INSTRUKTIONER:
a) Placer oksekød gryderet kød i en medium skål; tilsæt rødvin og en knivspids salt og peber; rør grundigt.

b) I en stor gryde varmes 2 spsk olivenolie op over medium-høj varme; tilsæt krydret oksekød, rør indtil ydersiden af oksekødet begynder at blive brunt (ca. 5 minutter).

c) Tilsæt 5 kopper oksebensbouillon i gryden. Sæt varmen til høj og bring det i kog, og lad det simre.

d) Mens kødet simrer, varmes 3 spsk olivenolie op over medium-høj varme i en lille stegepande (ca. 2 minutter).

e) Tilsæt sukker og steg, indtil det begynder at blive brunt; tilsæt nu stjerneanis, femkrydderipulver, ingefær og hvidløg; omrør i ca. 10 sekunder; tilsæt hurtigt chilibønnesauce. Rør godt rundt og kog på lavt niveau i cirka 1 minut.

f) Overfør chilibønnesauceblandingen til den store gryde; tilsæt sojasovs og lad det simre i 25 minutter.

g) I mellemtiden koger du æg. (Bring 4 dl vand i kog i en lille gryde, tilsæt forsigtigt æg og lad dem koge i 4 ½ minut for blødkogte æg eller 5 minutter for hårdkogte æg. Dræn og lad æggene stå i koldt vand i 5 minutter før skrælning.)

h) Efter 25 minutters simring tilsættes nudler og svampe i gryden; bring i kog. Når oksekødsnudelsuppen koger, tilsæt brøndkarse, og sluk derefter straks for varmen. Rør indtil grøntsagerne begynder at visne.

i) For at servere skal du dele nudelbouillonsuppen i 4 skåle jævnt; dryp med sesamolie. Læg et blødkogt æg i hver skål; drys med hakket grønt løg. God fornøjelse!

44. <u>Caribisk kylling-grøntsagsbouillonsuppe</u>

INGREDIENSER:

- 1 kop hakkede løg
- ½ kop hakket selleri
- ½ kop røde og grønne peberfrugter i tern
- ½ tsk tørret timian
- 1 kop vand
- 2 laurbærblade
- 1 tsk chilipulver
- ½ tsk karrypulver
- ¼ tsk stødt allehånde
- 4½ kopper Natriumfattig kyllingebouillon, affedtet
- ⅛ teskefuld Friskkværnet sort peber
- 1¼ pund kyllingebrysthalvdele uden skind, udbenet
- ¼ kop hvide ris, tørt mål
- 14½ ounce sorte bønner, kogte, skyllet og drænet

INSTRUKTIONER:

a) Bland olie, selleri, rød eller grøn peberfrugt og løg i en stor gryde.

b) Kog grøntsagerne i 5 minutter under ofte omrøring ved høj varme.

c) Tilsæt vand, laurbærblade, chilipulver, karry, timian, allehånde og sort peber, mens du rører i bouillonen.

d) Bring i kog efter tilsætning af kylling.

e) Lad det simre i 25 minutter, eller indtil kyllingen er gennemstegt. Rør jævnligt.

f) Når kyllingen er kølig nok til at håndtere, læg den til side.

g) Skær kyllingen i mundrette stykker efter at have fjernet knoglerne.

h) Tilsæt bønner og ris i gryden.

i) Kog i 15 minutter, eller indtil risene er lige møre.

j) Kom kyllingen tilbage i gryden, og lad den simre i 5 minutter.

k) Kassér laurbærbladene.

l) Server toppet med fedtfri yoghurt og hakket rød peberfrugt.

45. <u>Skinke og bønne bouillon suppe</u>

INGREDIENSER:

- 1 kop tørrede sorte sojabønner, udblødt natten over og drænet
- 1 kop løg, i tern
- 1 kop Selleristængler, skåret i tern
- 4 fed hvidløg, hakket
- 1 tsk tørret oregano
- 1 tsk salt
- 1 tsk Cajun Krydderi
- 1 tsk flydende røg
- 2 tsk All Purpose Krydderi
- 1 tsk Louisiana Hot Sauce
- 2 skinkehaser
- 2 kopper skinke i tern
- 2 kopper vand

INSTRUKTIONER:

a) Kom alle ingredienser i Instant Pot og rør for at kombinere.

b) Sæt og lås låget, og indstil manuelt tilberedningstiden til 30 minutter ved højt tryk.

c) Når du er færdig, lad trykket slippe naturligt i 10 minutter og slip det derefter hurtigt.

d) Fjern kødet fra benet og riv alt kød, kassér knoglerne.

e) Rør for at kombinere, og server varm.

46. Bønne og broccoli chili

Gør: 2

INGREDIENSER:
- 1 bundt spinat
- Himalayasalt og friskkværnet sort peber
- 2 spsk tomatpuré
- 1 løg, hakket
- 1 fed hvidløg, knust
- 1 rød chili, skåret i tynde skiver
- ½ tsk stødt spidskommen
- ½ tsk stødt koriander
- 1 hoved broccoli, hakket småt
- 1 dåse hakkede tomater
- Limeskiver til servering
- ½ gærfri grøntsagsbouillonterning
- Dash Flydende Aminoer
- 200g dåse røde kidneybønner, drænet

INSTRUKTIONER:
a) Varm bouillon op og damp løg og hvidløg.
b) Tilsæt bouillonterning, tomater, tomatpuré, chili, spidskommen, koriander, Aminosauce, salt og peber.
c) Lad det simre i cirka 20 minutter.
d) Kom kidneybønner og frisk koriander i en røreskål og kog i yderligere 9 minutter.
e) Top med rå broccoli og spinat.

47. <u>Chilighetti</u>

Gør: 6-8 portioner

INGREDIENSER:
- 1 pund hakkebøf, brunet og drænet
- 1 pakke (8 ounce) spaghetti, kogt og drænet
- ½ kop hakket løg
- 1 kop creme fraiche
- 2 dåser (8 ounce hver) tomatsauce
- 4-ounce dåse skivede svampe
- 2 dåser (16 ounce hver) chili, enhver type
- 1 fed hvidløg, hakket
- 2 kopper revet cheddarost

INSTRUKTIONER:
a) Forvarm ovnen til 350 grader.
b) I en stor skål kombineres alle ingredienser undtagen ost.
c) Overfør blandingen til en smurt 9x13-tommer gryde. Top med ost.
d) Bages 20 minutter.

48. <u>Mango og bønne morgenmad Burrito skål</u>

Portioner:4

INGREDIENSER

- 1 parti grønne ris
- 1 (15 ounce) dåse sorte bønner, skyllet og drænet
- 2 mellemstore til store modne mangoer i tern
- 1 avocado i tern eller i skiver
- 1 rød peberfrugt i tern
- 1 kop majs, grillet, rå eller sauteret
- ½ kop koriander i tern
- ¼ kop rødløg i tern
- 1 jalapeño, skåret i skiver
- Valgfri dressinger:
- Jalapeño koriander mango
- Cilantro lime
- Jalapeño cashew sauce

VEJLEDNING

a) Kog først dine ris efter anvisningerne i opskriften. Mens dine ris koger, kan du hakke alle dine grøntsager og frugter til skålene.

b) Når du er færdig, fordeler du risene mellem fire skåle, og fordel derefter sorte bønner, mango, avocado, rød peberfrugt, majs, koriander, rødløg og jalapeño-skiver jævnt mellem skålene.

c) Server med limebåde.

49. <u>Langkornet ris og pinto bønne</u>

Portioner:4

INGREDIENSER

- 50 ml/2 fl oz vegetabilsk olie
- 1 løg, finthakket
- 300 ml/10½ oz. langkornet ris
- 400 ml/14½ oz. vand
- 400 ml/14½ oz. kokosmælk
- 400 g/14¼oz tin pinto bønner, skyllet og drænet
- 3 spsk frisk timian
- salt og friskkværnet sort peber
- frisk koriander, til pynt

VEJBESKRIVELSE

a) Varm olien op i en stegepande og steg løget til det er gennemsigtigt.

b) Tilsæt risene, rør godt rundt og tilsæt vand og kokosmælk. Bring det i kog.

c) Tilsæt pinto bønner og timian, lad det simre og læg låg på i cirka 20 minutter, indtil risene er kogte. Smag til med salt og friskkværnet sort peber.

d) Server pyntet med koriander.

50.Limekylling med ægstegte langkornede ris

Portioner: 2

INGREDIENSER
Til Kyllingen
2 kyllingebryst uden skind
2 spsk sesamolie
2 tsk vegetabilsk olie
2 spsk sojasovs
2 fed hvidløg, finthakket
½ citron, revet skal og saft
salt og friskkværnet sort peber
1 spsk klar honning
Til The Rice
2 spsk jordnøddeolie
2-3 tsk sesamolie
2 fritgående æg, let pisket
stænk sojasovs
2 forårsløg, finthakket
50 g/2 oz pinto bønner, kogte
150 g/5 oz langkornet ris, kogte
salt og friskkværnet sort peber
3-4 spsk hakket koriander
limebåde, til servering
Vejbeskrivelse
Til sommerfugle lægger kyllingebrystene dem på et bræt og brug
en skarp kniv til at lave et snit parallelt med skærebrættet tre
fjerdedele af vejen gennem hvert bryst.
Åbn hvert kyllingebryst ud, så du har to store, tyndere
kyllingebryst.
Læg dem i en skål med en spiseskefuld sesamolie, vegetabilsk olie,
sojasovs, hvidløg, citronskal og saft.
Smag til med salt og friskkværnet sort peber og bland. Bland
honningen med den resterende sesamolie i en separat skål.
Varm en stegepande op over medium-høj varme, indtil den ryger,
læg derefter kyllingen på stegepanden og steg i 2-3 minutter på
hver side, pensl den en eller to gange med honning- og
sesamblandingen.
Når det er færdigt, skal kyllingen være kulgrillet på ydersiden og
gennemstegt. Lad hvile i 2-3 minutter.

I mellemtiden, til risene, opvarm en wok over høj varme, og tilsæt derefter jordnødden og en teskefuld sesamolie. Når olien begynder at flimre, tilsættes æggene og kog under omrøring hele tiden i 1-2 minutter, eller indtil de er rørte.
Skub æggene til siden af gryden og tilsæt lidt mere sesamolie, soyasovsen, forårsløg og pintobønner og kog i et minut, tilsæt derefter risene og smag til med salt og friskkværnet sort peber.
Kog under konstant omrøring i 3-4 minutter, eller indtil de er gennemvarme. Rør korianderen igennem.
For at servere, hæld risene på tallerkener. Skær kyllingen på diagonalen i tynde strimler og læg den ovenpå risene. Top med en skive lime.

51. <u>Langkornet ris Hoppin' John</u>

Portioner: 4

INGREDIENSER
2 spsk vegetabilsk olie
300 g/10½ oz kogt og revet bacon
1 grøn peberfrugt, finthakket
1 rød peberfrugt, finthakket
1 rødløg, finthakket
3 selleristænger, finthakket
4 fed hvidløg, knust
1 tsk tørrede chiliflager
2 laurbærblade
1 liter/1¾ pint kylling eller grøntsagsfond
400 g/14 oz tin pinto bønner, drænet og skyllet
225 g/8 oz langkornet ris
2 spsk kreolsk eller universalkrydderi
salt og friskkværnet sort peber
At tjene
en håndfuld fladbladede persilleblade, finthakket
bundt forårsløg, finthakket

Vejbeskrivelse
Varm olien op i en stor pande ved middel varme.
Kom bacon på panden og steg til det er sprødt. Fjern med en hulske og afdryp på køkkenpapir.
Tilsæt løg, peberfrugt, selleri, hvidløg, chiliflager, laurbærblade, creolsk krydderi, salt og peber på panden og sauter ved lav til medium varme, indtil de er bløde.
Hæld bouillon i og bring det i kog.
Tilsæt ris, bønner og bacon, og rør godt. Læg låg på og lad det simre i 20 minutter, eller indtil risene er møre og det meste af væsken er absorberet.
Fordel mellem serveringsskåle, drys med persille og forårsløg og server.

52.Mexicansk-inspirerede Pinto bønner og ris

Portioner: 8

INGREDIENSER
1 spsk kyllingebouillon (reduceret natrium)
3 spsk tomatpure
1 tsk malede korianderfrø
1 tsk salt
½ tsk hvidløgspulver
¼ teskefulde peber
3½ dl vand
2 kopper langkornet hvide ris, skyllet med en mesh si
1 rød peberfrugt, stilket, frøet og skåret i tern
¼ kop finthakket rødløg
1 jalapeño, stilket, frøet og fint skåret
2 spsk finthakket koriander
1 dåse (15 ounce) pinto bønner, drænet og skyllet
Vejbeskrivelse
Til en gryde, tilsæt kyllingebund, tomatpure, koriander, salt,
hvidløgspulver og peber; piskes til at kombinere.
Pisk gradvist vand i, tilsæt ris og rør for at kombinere. Sæt en
gryde over medium-høj varme og bring det i kog under omrøring
af og til.
Reducer varmen til medium-lav, læg låg på. Fortsæt med at koge,
indtil væsken er absorberet, under omrøring af og til, ca. 12-15
minutter. Fjern fra varmen og lad stå tildækket i et par minutter.
Placer ris i en stor skål og tilsæt peberfrugt, løg, jalapeño og
koriander; rør for at kombinere.
Rør forsigtigt bønner i og server.

53. Pinto bønner og ris med koriander

Portioner 6

INGREDIENSER
Til risen:
1 kop langkornet hvide ris
1 spsk olivenolie
8 oz dåse tomatsauce
1 rød peberfrugt udkernet, frøet og delt i kvarte
1 1/2 dl hønsefond eller grøntsagsbouillon
3/4 tsk kosher salt
1 tsk hvidløgspulver
1/4 tsk chilipulver
1/4 tsk spidskommen
1/2 kop hakkede tomater
2 spsk hakket koriander til pynt valgfrit
Til bønnerne:
15 ounce dåse pinto bønner drænet og skyllet
1/2 kop hønsefond eller grøntsagsbouillon
1 spsk tomatpure
3/4 tsk salt
3/4 tsk chilipulver
1/2 kop pico de gallo til pynt valgfrit
Vejbeskrivelse
Til risen:
Varm olivenolien op i en 2-liters gryde over medium varme. Tilsæt
risene og rør, indtil risene er dækket af olien. Kog i cirka 5
minutter, eller indtil risene er ristede og let brunede.
Tilsæt alle de resterende ingredienser.
Sæt gryden tilbage på blusset, og bring indholdet i kog.
Dæk gryden til og skru ned for varmen; kog i 17 minutter.
Tag gryden af varmen og lad den stå tildækket i 5 minutter. Fjern
og kassér peberfrugter. Rør grundigt. Pynt med tomater og grønne
løg, hvis det ønskes.
Til bønnerne:
Kom alle ingredienserne i en gryde over medium-høj varme, og lad
det simre. Kog i 7-10 minutter, indtil saucen er tyknet. Smag til og
tilsæt mere salt eller chilipulver, hvis det er nødvendigt. Du kan
også tilføje lidt mere hønsefond, hvis saucen bliver for tyk til din
smag. Pynt med pico de gallo, hvis det ønskes.

54. Spanske Pinto bønner og ris

Portioner 2

INGREDIENSER
TIL RISENE
2 kopper grøntsagsbouillon 475 ml
1 kop langkornet ris 190 gram
1/4 tsk safran tråde ,17 gram
knivspids havsalt
strejf sort peber
TIL BØNNERNE
2 spsk ekstra jomfru olivenolie 30 ml
1 lille løg
4 fed hvidløg
1 gulerod
1 grøn peberfrugt
1 tsk sød røget spansk paprika 2,30 gram
1/2 tsk stødt spidskommen 1,25 gram
2 1/2 dl pintobønner på dåse 400 gram
1 kop grøntsagsbouillon 240 ml
knivspids havsalt
strejf sort peber
en håndfuld finthakket frisk persille
Vejbeskrivelse
Tilsæt 2 dl grøntsagsbouillon i en gryde, knib 1/4 tsk safranetråde
i, og smag til med havsalt og friskkværnet sort peber, opvarm ved
høj varme
Tilsæt i mellemtiden 1 kop langkornet ris i en sigte og skyl under
koldt rindende vand, indtil vandet løber klart under sigten
Når bouillonen koger, tilsæt risene i gryden, giv dem en blanding
og læg et låg på gryden, sænk til lav-middel varme, og lad det
simre, indtil risene er kogte.
Opvarm imens en stor stegepande med middel varme og tilsæt 2
spsk ekstra jomfru olivenolie, tilsæt efter 2 minutter 1 lille løg i
fint tern, 1 grøn peberfrugt finthakket, 1 gulerod (skrællet)
finthakket og 4 fed hvidløg groft hakket, bland grøntsagerne
løbende med olivenolien
Efter 4 minutter og grøntsagerne er let sauterede, tilsæt 1 tsk sød
røget spansk paprika og 1/2 tsk stødt spidskommen, bland hurtigt,
tilsæt derefter 2 1/2 kopper pintobønner på dåse (drænet og
skyllet) og smag til med havsalt & sort peber, bland forsigtigt indtil

det er godt blandet, tilsæt derefter 1 kop grøntsagsbouillon og lad
det simre ved middel varme
Når risene er kogte igennem (15 minutter i mit tilfælde), fjern
risene fra varmen, lad dem sidde i 3 til 4 minutter med låget på,
tag derefter låget af og fnug risene op med en gaffel, overfør risene
til serveringsfade
Grib de simrende bønner (der skal stadig være lidt bouillon
tilbage) og kom dem i serveringsfadet ved siden af risene, drys
med friskhakket persille, og nyd!

55.One-Pot ris og bønner

Portioner: 4 portioner

INGREDIENSER
2 spsk olivenolie
1 gult løg, hakket (ca. 1 ¼ kopper)
1 ¾ dl kyllinge- eller grøntsagsfond eller vand
1 tsk salt
1 kop langkornet ris
1 (15,5 ounce) dåse sorte eller pinto bønner
Limebåde eller korianderblade, til pynt (valgfrit)
VEJLEDNING
I en stor gryde eller hollandsk ovn med tætsluttende låg varmes
olivenolien op ved middel varme. Tilsæt løg og sauter indtil det er
gennemsigtigt, cirka 3 minutter. Tilsæt bouillon, læg låg på og
bring det i kog.
Tilsæt salt, ris og bønner (inklusive væsken). Rør bare for at
kombinere, og dæk derefter til.
Skru ned for varmen så lavt som muligt, og lad derefter simre
uforstyrret i 18 til 20 minutter. Fjern fra varmen og lad sidde i 4
minutter, og fnug derefter med en gaffel.
Smag til med salt og peber, og pynt med lime eller koriander, som
du ønsker.

56.Southern Pinto bønner og ris

Portioner: 6 kopper

INGREDIENSER
- 1 lb. tørrede pinto bønner
- 8 kopper vand eller bouillon
- 2 spsk salt, til iblødsætning natten over; bordsalt
- 2 spsk løgpulver eller 1 kop frisk, hakket løg
- 2 spsk hvidløgspulver
- 2 kopper ris, brune eller hvide ris, kogte
- 1 røget skinkehase
- salt og peber efter smag

Vejbeskrivelse
a) Sæt bønner i en stor hollandsk ovn med løg og hvidløgspulver, væske og protein (valgfrit).
b) Kog ved lav varme, uden låg, i 3-4 timer eller indtil de er møre; kontroller væskeniveauet ofte; tilføje mere, hvis det er nødvendigt; når de er møre, smages til krydderier og justeres derefter
c) 1 lb. tørrede pinto bønner, 8 kopper vand eller bouillon, 2 spsk løgpulver, 2 spsk hvidløgspulver, 1 røget skinkehase

57.<u>Pinto bønner og ris og pølse</u>

Portioner: 6 portioner

INGREDIENSER

- 1 pund tørrede pinto bønner
- 6 kopper vand
- 1 skinkehase eller en kødfuld rest skinkeben
- 1 mellemstor løg, hakket
- 3 fed hvidløg, hakket
- 1 1/2 tsk salt
- 1 pund andouille røget pølse, eller lignende røget pølse, skåret i skiver
- 1 (14 1/2-ounce) dåse tomater i tern
- 1 (4-ounce) dåse mild grøn chilipeber eller en blanding af mild og jalapeño i tern
- 1/2 tsk rød peberflager, knust, valgfri
- 4 kopper kogte hvide ris, langkornede eller hurtige gryn, varmkogte

VEJBESKRIVELSE

a) Aftenen før kom pinto bønnerne i en stor skål eller gryde og dæk med vand til en dybde på cirka 3 tommer over bønnerne. Lad dem stå i 8 timer eller natten over. Dræn godt af.

b) Kombiner de udblødte og drænede bønner med vand, skinkehage, løg og hvidløg i en stor gryde eller hollandsk ovn ved høj varme; bring i kog. Dæk og reducer varmen til medium; kog bønnerne i 45 minutter, eller indtil bønnerne er møre.*

c) Tilsæt salt, skåret pølse, tomater, mild chilipeber og knust rød peberflager, hvis det ønskes. Dæk til, reducer varmen til lav og lad det simre i 1 time, mens du rører lejlighedsvis.

d) Fjern skinkehasen og fjern kødet fra benet. Striml skinken med en gaffel eller kotelet. Kom skinken tilbage i bønneblandingen.

e) Server pinto bønnerne over varme kogte ris.

58. Galopinto

Portioner: 8 portioner

INGREDIENSER
TIL BØNNERNE
- 1 (16-ounce) pose tørrede Pinto bønner
- Salt
- 7 fed hvidløg, pillede

TIL RISENE
- 1/4 kop vegetabilsk olie, delt
- 1 mellemstor gult løg, finthakket (ca. 1 kop), delt
- 1 1/2 kopper langkornet hvide ris
- 3 kopper vand eller hønsebouillon med lavt natriumindhold
- 1/2 grøn peberfrugt, udkernet og kernet

VEJLEDNING
TIL BØNNERNE:
a) Fordel bønnerne ud på en bageplade med kant. Udvælg eventuelt snavs og ødelagte bønner. Overfør bønner til et dørslag og skyl under koldt rindende vand. Placer skyllede bønner i en stor gryde og dæk med koldt vand; lad trække i 30 minutter.
b) Bring i kog ved høj varme. Reducer varmen til medium og lad bønner simre i 30 minutter. Sluk for varmen, dæk bønnerne, og lad dem hvile i 1 time. Bring bønnerne i kog igen ved høj varme. Tilsæt 2 tsk salt og hvidløg, reducer varmen til medium, og lad det simre, indtil bønnerne er møre i 30 til 60 minutter.

TIL RISEN:
c) Opvarm 2 spsk olie i en stor tykbundet gryde ved middel varme, indtil den skinner. Tilsæt 2/3 af løget og kog under omrøring, indtil det er blødt og gennemsigtigt, cirka 5 minutter.
d) Tilsæt ris og kog under omrøring, indtil kornene er skinnende og jævnt belagt med olie, 2 til 3 minutter. Tilsæt vand eller bouillon og 1 1/2 tsk salt, øg varmen til høj og bring det i kog. Læg peberfrugt ovenpå ris.
e) Kog ris uden at røre, indtil det meste af væsken er fordampet, og du kan se små bobler sprænge på overfladen af risene. Reducer straks varmen til den laveste indstilling, dæk til og kog (rør ikke, tag ikke låget af) i 15 minutter. Fjern og kassér peberfrugt. Fluff ris med spisepinde eller gaffel, lad dem derefter køle af og afkøle i 1 dag.

TIL GALLOPINTOEN:

f)   Opvarm de resterende 2 spsk olie i en stor gryde over medium-
høj varme, indtil den skinner. Tilsæt det resterende løg og kog
under omrøring, indtil det er blødt og gennemsigtigt, cirka 5
minutter.

g)   Tilsæt ris og 2 kopper bønner til stegepanden og kog under
omrøring, indtil risen er jævnt belagt. Fortsæt med at koge under
omrøring, så smagen kan smelte sammen, og blandingen bliver let
sprød, cirka 10 minutter. Dæk til og kog over lav varme i
yderligere 10 minutter.

59. <u>Bønnesauce & tomater over ris</u>

Portioner: 6 portioner

INGREDIENSER
1 kop pinto bønner, udblødt
2 Serrano chili, frøet og hakket
½ spsk ingefær, revet
1 hver laurbærblad
¼ teskefuld Gurkemeje
4 kopper vand
1⅓ kop fond
¼ kop koriander
Salt peber
2 spsk pekannødder, hakkede og ristede
2 spsk olivenolie
4 tomater i tern
1 tsk chilipulver
1 spsk frisk merian
1 tsk ahornsirup
5 kopper vand
1½ kop langkornet ris
2 gulerødder, revet
1 hver 3" kanelstang
½ spsk olivenolie

Vejbeskrivelse

Kog bønnerne i 1½ til 2 timer, indtil bønnerne er møre. Kassér laurbærblad &

SOVS:

Kom drænede bønner, chili, ingefær, laurbærblad, gurkemeje og vand i en stor gryde.

Bring det i kog, reducer varmen, læg låg på og kog.

Kom bønner, bouillon og koriander i en foodprocessor og blend til en tyk sauce. Smag til, tilsæt pekannødder og varm lidt op igen.

TOMATER:

Kom tomater, chilipulver, merian og sirup i en sauterpande. Smag til med salt og peber og steg ved moderat varme, indtil tomaten begynder at karamellisere, cirka 10 minutter. Hold varmen ved lav varme.

RIS:

Kog vand, og rør ris, gulerødder og kanel i. Kog til risene er møre, 10 til 12 minutter, hvis du bruger hvide ris. Dræn og kassér kanel og skyl kort under rindende vand.

Vend tilbage til gryden og vend med olie.

For at servere, hæld ris på varme tallerkener, top med bønnesauce og drys med tomater.

60. Cajun pinto bønner

Portioner: 8

INGREDIENSER
1 stk. Lille pose pintobønner, vasket og plukket igennem
¼ kop mel
¼ kop baconfedt
1 stort løg, hakket
6 fed hvidløg, hakket
½ kop selleri, hakket
1 hver laurbærblad
¼ kop chilipulver
2 spsk stødt spidskommen
1 dåse tomater med chili
Salt efter smag
2 pund skinke hase eller salt svinekød VALGFRI
Hakket koriander
2 kopper langkornet ris, kogte

Vejbeskrivelse
Pluk pinto bønner igennem og vask. Læg 1 lille pose pintobønner i
blød natten over i koldt vand og 1 spsk bagepulver. Skyl bønner og
kog i 1 time. Skift vandet og tilsæt 1 spsk bagepulver igen. Kog i
endnu en time eller to og skift vandet for sidste gang, tilsæt
bagepulver og kog til det er færdigt.
Steg ¼ kop mel og ¼ kop baconfedt i den mørke roux (farven på
kakao). Tilsæt og rør følgende, indtil det er visnet: 1 stort hakket
løg, 5 eller 6 fed hakket hvidløg, ½ kop hakket selleri, 1
laurbærblad og koriander.
Tilsæt chilipulver, spidskommen og tomater med chili og salt efter
smag.
Kan tilberedes med skinkehage eller saltflæsk.
Brug af denne roux tilføjer en virkelig god smag til pinto bønner.
Server med langkornet ris.

61.Ris & bønner med ost

Portioner:5

INGREDIENSER

- 1⅓ kop vand
- 1 kop revne gulerødder
- 1 tsk instant kyllingebouillon
- ¼ tsk salt
- 15 ounce Can Pinto bønner, drænet
- 8 ounce almindelig fedtfattig yoghurt
- ½ kop revet cheddarost med lavt fedtindhold
- ⅔ kop langkornet ris
- ½ kop hakkede grønne løg
- ½ tsk stødt koriander
- 1 tsk hot peber sauce
- 1 kop fedtfattig hytteost
- 1 spsk Frisksnittet persille

VEJBESKRIVELSE

a) I en stor gryde kombineres vand, ris, gulerødder, grønne løg, bouillongranulat, koriander, salt og varm pebersauce på flaske.
b) Bring i kog; reducere varmen. Læg låg på og lad det simre i 15 minutter, eller indtil risene er møre og vandet er absorberet.
c) Rør pinto- eller marinebønner, hytteost, yoghurt og persille i.
d) Hæld i en 10x6x2" bradepande.
e) Bages, tildækket, i en 350 grader F. ovn i 20-25 minutter eller indtil gennemvarmet. Drys med cheddarost. Bages uden låg i 3-5 minutter mere, eller indtil osten smelter.

62.Pinto bønner og safran ris

Portioner: 4
INGREDIENSER
Bønner
3 kopper tørrede pinto bønner
1/2 stang smør
1/3 kop spæk
1/2 kop sofrito
1 stort løg i tern
3 liter vand
Ris
1-1/2 kop langkornet ris
3 kopper hønsebouillon
1/2 tsk safran tråde
1-1/2 tsk kosher salt
1/2 kop vand
1 spsk smør
Eddike Hot peber sauce

Vejbeskrivelse
Vask bønnerne og fjern alle fremmedlegemer såsom sten og
dårlige bønner.
Skær løgene i tern.
Tilsæt løg, bønner, sofrito, vand og smør.
Lad det varme i 4 minutter og tilsæt spæk.
Dæk til og kog i 15 minutter, rør rundt, læg låg på igen og reducer
varmen til det halve. Kog til bønnerne er møre og tilsæt derefter
salt.
Smelt smørret og tilsæt risene. Rør godt rundt og tilsæt safran,
bouillon og vand.
Kog risene under omrøring af og til, og når væskerne er
absorberet, dæk til og fjern fra varmen, forstyr ikke i 20 minutter.
Server med bønnerne over risene. Tilsæt eddike og varm
pebersauce.

63.Taco Krydder ris med pinto bønner

Portioner: 6 Portioner

INGREDIENSER
2 kopper vand
8 ounces tomatsauce
1 pakke tacokrydderiblanding
1 kop majs
½ kop grøn peber - hakket
½ tsk oregano
⅛ teskefuld hvidløgspulver
1 kop langkornet ris
16 ounce Pinto bønner, dåse
Vejbeskrivelse
I en mellemstor gryde kombineres alle ingredienser, undtagen ris
og bønner.
Bring blandingen i kog ved middel varme. Rør ris og bønner i.
Når blandingen koger igen, rør rundt, reducer derefter varmen til
middel-lav, dæk til og lad det simre, indtil det meste af væsken er
kogt ud, 45 minutter til 1 time.
Fjern fra varmen, og stil til side tildækket i 5 minutter.
Bland godt.

64.Indisk græskarris og bønner

Portioner: 8

INGREDIENSER
1 spsk rapsolie
1 mellemstor gul løg; hakket
2 fed hvidløg; hakket
2 kopper græskar tern
2 tsk karrypulver
½ tsk sort peber
½ tsk salt
¼ teskefuld Kværnet nelliker
1½ kop langkornet hvide ris
1 kop grofthakket grønkål eller spinat
15 ounce Kogte pinto bønner; drænet og skyllet
Vejbeskrivelse
I en stor gryde varmes olien op ved middel varme.
Tilsæt løg og hvidløg og steg under omrøring i 5 minutter, indtil
løget er gennemsigtigt. Rør græskar, karry, peber, salt og nelliker i,
og kog i 1 minut mere.
Tilsæt 3 kopper vand og risene, læg låg på og bring det i kog. Kog
over medium-lav varme i cirka 15 minutter.
Rør grønkål og bønner i og kog videre i cirka 5 minutter.
Pluk risene og sluk for varmen. Lad stå i 10 til 15 minutter før
servering.

65.Mexicanske cowboybønner

Portioner: 6

INGREDIENSER

- ½ lb. Pinto bønner, tørrede
- 1 Løg, hvidt, stort
- 3 fed hvidløg, knust
- 2 kviste koriander
- ¼ kop grøntsagsfond eller vand
- 6 oz. (3/4 kop) chorizo
- 2 Serrano chili, hakket
- 1 tomat, stor, i tern

VEJBESKRIVELSE

a) Læg bønner i blød i vand natten over.

b) Næste dag si dem og læg dem i en stor gryde. Hæld nok vand i gryden til at fylde ¾ af vejen.

c) Skær dit løg i halve. Læg ½ løg, korianderkviste og 3 fed hvidløg i gryden med bønnerne. Gem den anden halvdel af løget.

d) Bring vandet i kog, og lad bønnerne koge, indtil de er næsten møre, cirka 1 ½ time.

e) Mens bønnerne koger, opvarm en stor sauterpande til medium-høj varme. Tilsæt chorizo og sauter indtil let brunet, cirka 4 minutter. Mens chorizoen koger, skæres den anden halvdel af løget i tern.

f) Fjern chorizo fra panden og stil til side. Tilsæt ¼ kop vand, hakket løg og Serrano peberfrugt til sauterpanden. Svits løg og chili indtil de er møre og gennemsigtige i cirka 4-5 minutter. Tilsæt tomat og lad koge i 7-8 minutter mere, eller indtil tomaten er nedbrudt og frigivet al dens saft.

g) Tilsæt denne blanding og chorizoen til gryden med bønner og lad det simre i 20 minutter mere, eller indtil bønnerne er helt møre. Smag til med salt og peber.

h) Før servering fjernes det halve løg, korianderkvisten og hvidløgsfed fra bønnerne. Smag til med salt og peber

66. Caribisk fest

INGREDIENSER
JERK JACKFRUIT
- 3 dåser Young Jack Fruit i saltlage, drænet og duppet tør og derefter trukket i små stykker
- 1 spsk Vita Coca Kokosolie
- 3 forårsløg, fint skåret
- 3 fed hvidløg, hakket
- 1/2 Scotch Bonnet Chili (brug en hel 1 for ekstra krydret)
- Ingefær på størrelse med tommelfinger, hakket
- 1 gul peber, kernet ud og i tern
- 1 kop/200g sorte bønner, fra en dåse. Drænet & skyllet.
- 1 spsk All Spice
- 2 tsk stødt kanel
- 3 spsk sojasovs
- 5 spiseskefulde tomatpuré
- 4 spsk kokossukker
- 1 kop/240 ml ananasjuice
- Saft 1 lime
- 1 spsk friske timianblade
- 2 tsk havsalt
- 1 tsk knækket sort peber

RIS & ÆRTER
- 1 dåse Kidneybønner, flydende reserveret
- 1 dåse kokosmælk
- 3 spsk frisk timian
- Knip havsalt og sort peber
- 1 & 1/2 kopper/340 g langkornet ris, skyllet
- Grøntsagsfond, evt.

STEGT PLANTANE
- 2 Plantain, skrællet & skåret i cm skiver
- 2 spsk Vita Coca Kokosolie
- 2 spsk kokossukker
- Knip Salt & Peber

MANGO SALAT

- 1/2 Frisk Mango, skrællet og skåret i tern
- 1 tsk frisk chili, finthakket
- Håndfuld frisk koriander
- Saft af en halv lime
- Frisk blandet salat

VEJLEDNING

a) Placer først en stor ildfast fad eller stegepande over middel varme. Tilsæt kokosolie efterfulgt af løg, hvidløg, ingefær, chili og gul peber. Lad blandingen bløde i 3 minutter, før du tilsætter krydderierne og koger i 2 minutter mere. Tilsæt et nip krydderier.

b) Tilsæt jackfruit til gryden og rør godt, kog blandingen i 3-4 minutter.

c) Tilsæt derefter kokossukkeret og de sorte bønner. Bliv ved med at røre og tilsæt derefter sojasovsen, tomatpuré og ananasjuice. Skru ned for varmen og tilsæt limesaft plus nogle hakkede friske timianblade.

d) Sæt låget på og lad jackfrugten koge i omkring 12-15 minutter.

e) Til risene, tilsæt ingredienserne til en gryde og læg låget på. Stil gryden over svag varme og lad risene absorbere al væsken, indtil de er let og luftige. dette bør tage 10-12 minutter. hvis dine ris bliver for tørre, før de er kogt, tilsæt lidt vand eller grøntsagsfond.

f) næste gang, plantain. forvarm en slip-let stegepande over middel varme og tilsæt kokosolien, når den er varm, tilsæt plantain-både, og steg på begge sider i 3-4 minutter, indtil de er karamelliseret og gyldne. smag til med kokossukker, salt og peber.

g) til salaten blandes simpelt alle ingredienserne sammen i en lille røreskål.

h) server alt sammen, nyd.

67.Jamaican Jerk Jackfruit & Beans med ris

Portioner:2

INGREDIENSER

- 1 løg
- 2 fed hvidløg
- 1 chili
- 2 vinstoktomater
- 2 tsk jamaicansk jerk krydderi
- 400 g dåse kidneybønner
- 400 g dåse jackfruit
- 200 ml kokosmælk
- 150 g hvide langkornede ris
- 50 g babybladspinat
- Havsalt
- Friskkværnet peber
- 1 spsk olivenolie
- 300 ml kogende vand

VEJBESKRIVELSE

j) Pil og hak løget fint. Pil og riv hvidløgsfeddene. Halver chilien, træk kernerne og hinden ud for mindre varme, og hak den fint. Hak tomaterne groft.

k) Hæld 1 spsk olie i en stor gryde og bring til medium varme. Kom løgene og et godt nip salt og peber i. Steg i 4-5 minutter, under omrøring af og til, indtil de er bløde og får lidt farve. Rør hvidløg, chili og 2 tsk jamaicansk jerk krydderi i og steg videre i yderligere 2 minutter

l) Hæld de hakkede tomater i gryden. Dræn kidneybønnerne og jackfruit og kom dem i gryden. Hæld kokosmælken i. Bland det godt sammen og bring det i kog, dæk derefter delvist med låg og lad det simre forsigtigt i 20 minutter. Brug en træske i ny og næ til at bryde jackfrugtstykkerne lidt op i løbet af kogetiden.

m) Hæld risene i en sigte og skyl dem godt under koldt vand.
Hæld i en lille gryde og tilsæt 300 ml kogende vand og en
knivspids salt. Læg et låg på og bring det i kog, skru
derefter til højre og lad det simre meget forsigtigt i 8
minutter, indtil alt vandet er absorberet. Tag risene af
varmen og lad dem dampe tildækket i gryden i 10 minutter
n) Rør spinaten i jackfruit og bønner, indtil de er visne. Smag
på saucen og tilsæt mere salt, hvis det er nødvendigt.
o) Hæld risene i et par dybe skåle og top med generøse
skefulde af jackfruit karry og server.

68.Ris Pilaf Med Bønner, Frugter Og Nødder

INGREDIENSER

- 1 1/2 kopper langkornet ris
- 1 spsk neutral vegetabilsk olie
- 1 mellemstor løg, finthakket
- 1 til 2 små friske hot chilipeber, skåret i skiver, valgfri
- 2/3 kop rosiner eller tørrede tranebær, eller en kombination
- 1/3 kop kogte pinto bønner
- 1/3 kop finthakkede tørrede abrikoser
- 1/4 tsk gurkemeje
- 1/2 tsk kanel
- 1/4 tsk stødt eller frisk muskatnød
- 1/2 tsk tørret basilikum
- 1/4 kop appelsinjuice, gerne frisk
- 2 tsk agave nektar
- 1 til 2 spsk citron- eller limesaft efter smag
- 1/2 kop ristede cashewnødder (hele eller hakkede) eller skivede mandler
- Salt og friskkværnet peber efter smag

Vejbeskrivelse

a) Kombiner risene med 4 dl vand i en gryde. Bring forsigtigt i kog, sænk derefter varmen, læg låg på, og lad det simre forsigtigt i 30 minutter, eller indtil vandet er absorberet.

b) Når risene er færdige, varmes olien op i en stor stegepande. Tilsæt løg og valgfri chilipeber og sauter ved medium varme, indtil de er gyldne.

c) Rør risene og alle de resterende ingredienser i undtagen nødder, salt og peber. kog over lav varme under jævnlig omrøring i ca. 8 til 10 minutter, så smagene kan blandes.

d) Rør nødderne i, smag til med salt og peber, og server.

69.Bønner og ris cha cha cha skål

Portioner: 6

INGREDIENSER
2 spsk olivenolie
2 fed hvidløg, hakket
1 kop hakket løg
1 kop skrællet selleri i skiver
1 kop skåret gulerødder
1 tsk chilipulver
¼ kop grøn chili i tern på dåse
1 pund pinto bønner
¼ Løg, groft skåret
1 fedt 263 kalorier
2 kopper Svampe i skiver
2 kopper kogte basis sorte bønner
½ kop Reserve bønnefond
2 spsk hakket koriander
Salt og peber efter smag
3 kopper kogte langkornede ris
1 spsk citronsaft
2 tsk salt eller efter smag

INGREDIENSER
Varm olivenolie op i en stor dyb gryde, og svits hvidløg, løg, selleri,
gulerødder og chilipulver, indtil løget er gennemsigtigt.
Tilsæt chili og champignon og sauter 5 minutter mere.
Rør bønner, bønnefond og koriander i. Krydr efter smag.
Læg låg på og lad det simre ved lav varme i cirka 10 minutter,
mens du rører i det af og til.
Server over ris.

70.Roerrøre med bønner

Portioner: 2 personer

INGREDIENSER

- 1 spsk olivenolie
- 2 lilla top majroer - skrubbet, trimmet og skåret i tern
- 3 kopper spinat
- 1 15,5 oz dåse pinto bønner - drænet og skyllet
- 1 spsk frisk ingefær - finthakket
- 2 fed hvidløg - presset eller hakket
- 1 spsk honning
- 1 spsk riseddike
- 2 spsk reduceret natrium sojasovs
- 1 kop langkornet ris - kogt, til servering

VEJLEDNING

a) Hvis du skal tilberede ris eller fuldkorn til måltidet, så start med det, før du laver røregryden.

b) Varm olivenolie op i en stor stegepande over medium varme. Tilsæt majroerne og kog under omrøring/vend af og til i 8-12 minutter, eller indtil de er let brune og møre.

c) Mens majroerne koger, piskes ingefær, hvidløg, honning, riseddike og sojasovs sammen i en lille skål. Tilsæt spinat, bønner og sauce til stegepanden. Kog i 4-6 minutter, eller indtil spinaten er visnet og stegen er gennemvarmet.

d) Serveres lun over ris.

71.Ris med lam, dild og bønner

Portioner: 8 portioner

INGREDIENSER
2 spsk Smør
1 mellemstor løg; skrællet og skåret i 1/4 tomme tykke skiver
3 pund Udbenet lammeskulder, i tern
3 kopper vand
1 spsk Salt
2 kopper ukogte langkornede hvide ris, udblødt og drænet
4 kopper dild, frisk; fint skåret
2 ti oz. Pinto bønner
8 spiseskefulde Smør; smeltede
¼ tsk safran tråde; pulveriseret og opløst i 1 spsk. varmt vand

VEJLEDNING
I en tung 3 til 4 liter gryderet, med et tætsluttende låg, smelt de 2
spiseskefulde smør over moderat varme.
Når skummet begynder at aftage, tilsættes løgene, og under
jævnlig omrøring koges det i cirka 10 minutter, eller indtil
skiverne er rigt brunede. Overfør dem med en hulske til en
tallerken.
En halv snes stykker eller deromkring ad gangen, brun
lammeterningerne i det resterende fedtstof i gryden, vend dem
med en tang eller en ske og reguler varmen, så de farves dybt og
jævnt uden at brænde på. Efterhånden som de bruner, overføres
lammeterningerne til tallerkenen med løgene.
Hæld de 3 kopper vand i gryden og bring det i kog ved høj varme,
mens du skraber de brune partikler ind, der klæber til bunden og
siderne af gryden. Kom lam og løg tilbage i gryden, tilsæt salt og
skru ned for varmen.
Dæk godt til og lad det simre i cirka 1 time og 15 minutter, eller
indtil lammet er mørt og ikke viser modstand, når det stikkes
igennem med spidsen af en lille, skarp kniv. Kom lam, løg og al
kogevæsken over i en stor skål og stil gryden til side.
Forvarm ovnen til 350 grader. Bring 6 kopper vand i kog i en 5 til 6
liter gryde. Hæld risene i i en langsom, tynd stråle, så vandet ikke
holder op med at koge. Rør en eller to gange, kog rask i 5 minutter,
tag så gryden af varmen, rør dild og bønner i og afdryp i en fin
sigte.

Hæld ca. halvdelen af risblandingen i gryden og fugt den med en kop lammekogning. Derefter fordeles risblandingen med en spatel eller ske til grydens kanter.

Kom lam og løg tilbage i gryden med en hulske og jævn dem over risene.

Fordel derefter den resterende risblanding ovenpå. Kombiner 2 spsk af det smeltede smør med 6 spsk af lammebouillonen og hæld det over risene. Bring gryden i kog ved høj varme.

Dæk godt til og bag midt i ovnen i 30 til 40 minutter, eller indtil bønnerne er møre, og risene har absorberet al væsken i gryden.

For at servere, hæld ca. en kop af risblandingen i en lille skål, tilsæt den opløste safran og rør, indtil risene er klare gule.

Fordel cirka halvdelen af de resterende ris på et opvarmet fad og anret lammet over det. Dæk lammet med resten af den almindelige risblanding og pynt det med safranrisene. Hæld de resterende 6 spiseskefulde smeltet smør over toppen.

72.Osteagtige Pinto bønner

Portioner: 4

INGREDIENSER
2 fed hvidløg
1 jalapeño
1 spsk madolie
2 15 oz. dåser pinto bønner
1/4 tsk røget paprika
1/4 tsk stødt spidskommen
1/8 tsk friskkværnet sort peber
2 streger varm sauce
1/2 kop revet cheddarost
2 portioner langkornet ris, kogte
VEJLEDNING
Hak hvidløget og hak jalapeñoen fint.
Tilsæt hvidløg, jalapeño og madolie i en gryde. Sauter hvidløg og jalapeño ved middel varme i cirka et minut, eller bare indtil hvidløget er meget duftende.
Tilsæt en dåse pintobønner til en blender med væsken i dåsen, og purér, indtil den er glat.
Tilsæt de purerede bønner og den anden dåse bønner (drænet) til sauce-gryden med hvidløg og jalapeño. Rør for at kombinere.
Smag bønnerne til med røget paprika, spidskommen, peber og varm sauce. Rør for at kombinere, opvarm derefter over medium under omrøring af og til.
Til sidst tilsættes den strimlede cheddar og røres til den er smeltet glat ind i bønnerne. Smag bønnerne til og juster krydderier efter din smag. Server over ris eller til dit yndlingsmåltid.

73. Ris og bønner med basilikumpesto

Portioner:4 portioner

INGREDIENSER
- Grøntsags madlavningsspray
- 1 kop hakket løg
- 1 kop ukogte langkornede ris
- 13¾ ounce kyllingebouillon uden salttilsætning, (1 dåse)
- 1 kop hakket uskrællet tomat
- ¼ kop kommerciel pesto basilikumsauce
- 16 ounce pinto bønner

VEJLEDNING
a) Beklæd en stor stegepande med madlavningsspray, og sæt den over medium-høj varme, indtil den er varm.
b) Tilføj løg; sauter 2 minutter. Tilsæt ris og bouillon; bring i kog.
c) Reducer varmen, og lad det simre uden låg i 15 minutter, eller indtil risene er færdige og væsken er absorberet.
d) Rør tomat, pestosauce og bønner i; kog 2 minutter eller indtil den er gennemvarmet.

74. <u>Flankebøf med sorte bønner og ris</u>

Portioner:6 portioner

INGREDIENSER

- 1½ pund flankebøf
- 3 spsk vegetabilsk olie
- 2 laurbærblade
- 5 kopper oksefond
- 4 spsk olivenolie
- 2 løg; hakket
- 6 fed hvidløg; hakket
- 1 spsk tørret oregano
- 1 spsk stødt spidskommen
- 2 tomater; frøet, hakket
- Salt; at smage
- Friskmalet sort peber; at smage
- Pinto bønner
- Kogte hvide ris
- 2 spsk vegetabilsk olie
- 6 æg

VEJLEDNING

a) Smag bøffen til med salt og peber. Opvarm vegetabilsk olie i en stor gryde ved høj varme. Tilsæt bøf og steg indtil brunet på alle sider. Tilsæt laurbærblade og bouillon.

b) Reducer varmen og lad det simre langsomt, indtil bøffen er meget mør, og vend den lejlighedsvis, ca. 2 timer.

c) Fjern fra varmen og lad kødet køle af på lager. Fjern kødet fra fonden og riv det. Reserver 1 kop kogevæske; reserver den resterende kogevæske til anden brug. Varm olivenolie op i en stor gryde over medium-høj varme. Tilsæt løg og sauter indtil de er gyldne.

d) Tilsæt hvidløg, oregano og spidskommen og svits indtil duften. Tilsæt tomater og fortsæt med at koge, indtil det meste af væsken er fordampet.

e) Tilsæt strimlet kød og 1 kop reserveret madlavningsvæske. Smag til med salt og peber. Arranger oksekød, ris og bønner på et rektangulært fad i tre rækker med risene i midten (det skal ligne det venezuelanske flag).

f) Opvarm vegetabilsk olie i en tung stor stegepande over medium varme. Knæk æg i gryden. Steg indtil blødt stivnet. Server ovenpå bønner, kød og ris.

75.afrikanske ris og bønner

Portioner: 6

INGREDIENSER
½ kop rød / palme / eller rapsolie brugte jeg ½ og ½
2-3 fed hvidløg hakket
1 mellemstor løg i tern
1 spsk røget paprika
1 tsk tørret timian
½ skotsk hættepeber eller ½ tsk cayennepeber
4 tomater i tern
2 kopper vasket langkornet ris
2 kopper kogte bønner sorte, røde, sortøjede ærter
4 1/2 - 5 kopper hønsebouillon eller vand
1 spsk salt eller mere efter smag
1/4 kop krebs valgfrit
1 tsk kyllingebouillon valgfri
VEJLEDNING
Varm en gryde op med olie. Tilsæt derefter løg, hvidløg, timian,
røget paprika og peber, sauter i cirka et minut, tilsæt tomater. Kog
i cirka 5-7 minutter.
Rør ris i gryden; fortsæt med at røre i ca. 2 minutter.
Tilsæt derefter bønner, 4 1/2 kopper hønsefond/vand, bring det i
kog, reducer varmen, og lad det simre, indtil risen er kogt, ca. 18
minutter eller mere. Juster for salt og peber. Du skal røre en gang
imellem for at undgå forbrændinger.
Serveres lun med kylling, gryderet eller grøntsager

76.Bønne- og rissuppe

Portioner: 4

INGREDIENSER

- 2 kopper kylling, kogt og skåret i tern
- 1 kop langkornet ris, kogte
- 2 15-ounce dåser pinto bønner, drænet
- 4 dl hønsefond
- 2 spsk Taco krydderblanding
- 1 kop tomatsauce

Toppings:
- Revet ost
- Salsa
- Hakket koriander
- Hakket løg

Vejbeskrivelse
Læg alle ingredienser i en medium gryde. Rør forsigtigt.
Kog over medium varme, lad det simre i cirka 20 minutter, mens du rører af og til.
Server med toppings.

77.Chili con Carne

INGREDIENSER

- Hakket/hakket oksekød 500g
- 1 stort løg hakket
- 3 fed hvidløg
- 2Dåser med hakkede tomater 400 g
- Pres af tomatpuré
- 1 tsk chilipulver (eller efter smag)
- 1 tsk stødt spidskommen
- skvæt Worcester sauce
- Drys salt og peber
- 1 hakket rød peber
- 1 dåse drænede kidneybønner 400g

Vejbeskrivelse

Steg løget i en varm pande med olie, indtil det næsten er brunt, og tilsæt derefter hakket hvidløg

Tilsæt farsen og rør indtil brun; dræn eventuelt overskydende fedt fra

Tilsæt alle tørrede krydderier og krydderier, reducer derefter varmen og tilsæt hakkede tomater

Rør godt rundt og tilsæt tomatpuré og Worcestershire sauce og lad derefter simre i cirka en time (mindre hvis du har travlt)

Tilsæt den hakkede røde peber og fortsæt med at simre i 5 minutter, tilsæt derefter dåsen med afdryppede kidneybønner og kog i yderligere 5 minutter. Hvis chilien på noget tidspunkt bliver tør, skal du blot tilføje lidt vand.

Server med ris, jakkekartofler eller pasta!

78.Klassisk Three Bean Chili

Ingredienser:
1 dåse sorte bønner, drænet og skyllet
1 dåse kidneybønner, drænet og skyllet
1 dåse pinto bønner, drænet og skyllet
1 løg, hakket
2 fed hvidløg, hakket
1 rød peberfrugt, hakket
1 spsk chilipulver
1 tsk spidskommen
1/2 tsk paprika
1/4 tsk cayennepeber
2 dåser tomater i tern, udrænede
2 dl grøntsagsbouillon
Salt og peber efter smag
Instruktioner:

Svits løg, hvidløg og rød peberfrugt i en stor gryde ved middel varme, indtil det er blødt.

Tilsæt chilipulver, spidskommen, paprika og cayennepeber og kog i 1-2 minutter under konstant omrøring.

Tilsæt de hakkede tomater (med juice), bønner og grøntsagsbouillon.

Bring chilien i kog, reducer derefter varmen og lad den simre i 30 minutter.

Smag til med salt og peber og server varm.

79.Quinoa Chili

Ingredienser:

1 spsk olivenolie
1 løg, hakket
2 fed hvidløg, hakket
1 rød peberfrugt, hakket
1 grøn peberfrugt, hakket
1 jalapeñopeber, frøet og hakket
1 kop quinoa, skyllet og drænet
1 dåse sorte bønner, drænet og skyllet
1 dåse kidneybønner, drænet og skyllet
2 dåser tomater i tern, udrænede
2 dl grøntsagsbouillon
1 spsk chilipulver
1 tsk spidskommen
1/2 tsk røget paprika
Salt og peber efter smag
Instruktioner:

I en stor gryde varmes olivenolien op over medium varme.

Tilsæt løg, hvidløg, rød peberfrugt, grøn peberfrugt og
jalapeñopeber og sauter, indtil det er blødt.
Tilsæt quinoa, bønner, hakkede tomater, grøntsagsbouillon,
chilipulver, spidskommen og røget paprika.
Bring chilien i kog, reducer derefter varmen og lad den
simre i 25-30 minutter, eller indtil quinoaen er kogt.
Smag til med salt og peber og server varm.

80. Krydret Black Bean Chili

Ingredienser:

1 spsk olivenolie
1 løg, hakket
2 fed hvidløg, hakket
1 grøn peberfrugt, hakket
1 jalapeñopeber, frøet og hakket
1 spsk chilipulver
1 tsk spidskommen
1/2 tsk røget paprika
2 dåser sorte bønner, drænet og skyllet
1 dåse tomater i tern, udrænet
2 dl grøntsagsbouillon
Salt og peber efter smag
Instruktioner:

I en stor gryde varmes olivenolien op over medium varme.

Tilsæt løg, hvidløg, grøn peberfrugt og jalapeñopeber og sauter indtil de er bløde.

Tilsæt chilipulver, spidskommen og røget paprika og kog i 1-2 minutter under konstant omrøring.

Tilsæt de sorte bønner, hakkede tomater og grøntsagsbouillon.

Bring chilien i kog, reducer derefter varmen og lad den simre i 20-25 minutter.

Smag til med salt og peber og server varm.

81. Smoky Chipotle Sweet Potato Chili

Ingredienser:

1 spsk olivenolie
1 løg, hakket
2 fed hvidløg, hakket
1 rød peberfrugt, hakket
1 jalapeñopeber, frøet og hakket
2 mellemstore søde kartofler, skrællet og hakket
1 dåse sorte bønner, drænet og skyllet
1 dåse tomater i tern, udrænet
2 dl grøntsagsbouillon
2 chipotle peberfrugter i adobo sauce, hakket
1 tsk røget paprika
Salt og peber efter smag
Instruktioner:

I en stor gryde varmes olivenolien op over medium varme.

Tilsæt løg, hvidløg, rød peberfrugt og jalapeñopeber og
sauter indtil de er bløde.

Tilsæt de søde kartofler og sauter i 5-7 minutter, eller indtil
de begynder at blive bløde.

Tilsæt de sorte bønner, hakkede tomater,
grøntsagsbouillon, chipotlepeber og røget paprika.

Bring chilien i kog, reducer derefter varmen og lad den
simre i 25-30 minutter, eller indtil de søde kartofler er
møre.

Smag til med salt og peber og server varm.

82. Linse chili

Ingredienser:

1 spsk olivenolie
1 løg, hakket
2 fed hvidløg, hakket
1 rød peberfrugt, hakket
1 grøn peberfrugt, hakket
1 jalapeñopeber, frøet og hakket
1 kop tørrede brune linser, skyllet og drænet
1 dåse tomater i tern, udrænet
2 dl grøntsagsbouillon
1 spsk chilipulver
1 tsk spidskommen
1/2 tsk røget paprika
Salt og peber efter smag
Instruktioner:

I en stor gryde varmes olivenolien op over medium varme.

Tilsæt løg, hvidløg, rød peberfrugt, grøn peberfrugt og jalapeñopeber og sauter, indtil det er blødt.

Tilsæt linser, hakkede tomater, grøntsagsbouillon, chilipulver, spidskommen og røget paprika.

Bring chilien i kog, skru derefter ned for varmen og lad den simre i 25-30 minutter, eller indtil linserne er møre.

Smag til med salt og peber og server varm.

83.Rissuppe

Portioner: 4

INGREDIENSER
4 store selleristængler
3 store gulerødder
1 mellemstor hvidløg
1 tsk tørret timian
1 tsk tørret persille
1 tsk hvidløgspulver
1 tsk salt
1/2 tsk stødt salvie
1 spsk kokos aminosyrer
4 kopper grøntsagsbouillon
2 kopper vand
2/3 kop langkornet hvide ris
1 dåse pinto bønner (15 oz. dåse)

VEJLEDNING
Skær eller skær grøntsagerne i mundrette stykker.
Sæt en stor gryde på komfuret og tænd på medium varme. Spray
bunden af gryden med avocadoolie eller olivenoliespray. Tilføj
grøntsager.
Kog grøntsagerne i 3-4 minutter.
Efter 3-4 minutter tilsættes krydderier, laurbærblad og
kokosnødde aminosyrer. Rør og kog 1-2 minutter mere.
Mens grøntsagerne koger, skylles risene godt.
Tilsæt 1/2 kop grøntsagsbouillon og skrab bunden/siden af
gryden og fjern eventuelle brune stykker fra bunden.
Tilsæt resten af bouillon, vand og ris i gryden. Rør rundt og dæk til.
Skru varmen op til høj.
Når suppen koger, skrues ned for varmen og koges i 15 minutter.
Mens suppen koger, skyl og dræn bønnerne. Og tilsæt dem til
suppen.
Lige inden servering fjernes laurbærbladene. Serveres varm.

84. Klassisk chili

Ingredienser:
1 dåse kidneybønner, drænet og skyllet
1 dåse sorte bønner, drænet og skyllet
1 dåse pinto bønner, drænet og skyllet
1 løg, hakket
2 fed hvidløg, hakket
1 rød peberfrugt, hakket
1 grøn peberfrugt, hakket
1 dåse tomater i tern
1 dåse tomatsauce
1 spsk chilipulver
1 tsk stødt spidskommen
Salt og peber efter smag
Instruktioner:

Varm olie op i en stor gryde over medium-høj varme.

Tilsæt løg, hvidløg og peberfrugt og kog indtil løgene er
gennemsigtige.

Tilsæt dåsetomater, tomatsauce og krydderier i gryden og rør godt.

Tilsæt bønner og lad det simre i 15-20 minutter.

Smag til med salt og peber efter smag.

85.Kalkun og hvid bønner chili

Ingredienser:

1 spsk olivenolie
1 pund malet kalkun
1 løg, hakket
2 fed hvidløg, hakket
2 dåser hvide bønner, drænet og skyllet
1 dåse tomater i tern
2 kopper hønsebouillon
2 tsk chilipulver
1 tsk spidskommen
Salt og peber efter smag
Instruktioner:

Varm olivenolie op i en stor gryde over medium-høj varme.

Tilsæt malet kalkun, løg og hvidløg og kog indtil kalkunen er brunet.

Tilsæt dåsetomater, hønsebouillon og krydderier i gryden og rør godt.

Tilsæt hvide bønner og lad det simre i 20-25 minutter.

Smag til med salt og peber efter smag.

86. Butternut Squash og Black Bean Chili

Ingredienser:

2 spsk olivenolie
1 løg, hakket
3 fed hvidløg, hakket
1 butternut squash, skrællet og hakket
1 dåse sorte bønner, drænet og skyllet
1 dåse tomater i tern
2 dl grøntsagsbouillon
2 tsk chilipulver
1 tsk spidskommen
Salt og peber efter smag
Instruktioner:

Varm olivenolie op i en stor gryde over medium-høj varme.

Tilsæt løg, hvidløg og butternut squash og steg i 5-7 minutter.

Tilsæt dåsetomater, grøntsagsbouillon og krydderier til gryden og rør godt.

Tilsæt sorte bønner og lad det simre i 20-25 minutter, eller indtil butternut squash er mørt.

Smag til med salt og peber efter smag.

87.Slow Cooker Kylling og Black Bean Chili

Ingredienser:

1 lb udbenet skindfri kyllingebryst, hakket
1 løg
2 fed hvidløg, hakket
1 dåse sorte bønner, drænet og skyllet
1 dåse tomater i tern
2 kopper hønsebouillon
2 tsk chilipulver
1 tsk spidskommen
Salt og peber efter smag
Instruktioner:

Tilsæt alle ingredienser til en langsom komfur og rør for at kombinere.

Kog på lav i 6-8 timer eller på høj i 3-4 timer.

Smag til med salt og peber efter smag.

88.Quinoa og Black Bean Chili

Ingredienser:

1 spsk olivenolie
1 løg, hakket
2 fed hvidløg, hakket
1 rød peberfrugt, hakket
1 dåse sorte bønner, drænet og skyllet
1 dåse tomater i tern
2 dl grøntsagsbouillon
1/2 kop quinoa
2 tsk chilipulver
1 tsk spidskommen
Salt og peber efter smag
Instruktioner:

Varm olivenolie op i en stor gryde over medium-høj varme.

Tilsæt løg, hvidløg og peberfrugt og kog indtil løgene er gennemsigtige.

Tilsæt dåsetomater, grøntsagsbouillon, quinoa og krydderier til gryden og rør godt.

Tilsæt sorte bønner og lad det simre i 20-25 minutter, eller indtil quinoaen er mør.

Smag til med salt og peber efter smag.

89.Oksekød og bønne chili

Ingredienser:

1 lb hakket oksekød
1 løg, hakket
2 fed hvidløg, hakket
1 dåse kidneybønner, drænet og skyllet
1 dåse tomater i tern
2 kopper oksebouillon
2 tsk chilipulver
1 tsk spidskommen
Salt og peber efter smag
Instruktioner:

Kog hakkebøf i en stor gryde ved medium-høj varme, indtil det er brunet.

Tilsæt løg og hvidløg og steg indtil løgene er gennemsigtige.

Tilsæt dåsetomater, oksebouillon og krydderier til gryden og rør godt.

Tilsæt kidneybønner og lad det simre i 20-25 minutter.

Smag til med salt og peber efter smag.

90.Chili med linser og sorte bønner

Ingredienser:

2 spsk olivenolie
1 løg, hakket
2 fed hvidløg, hakket
1 rød peberfrugt, hakket
1 dåse sorte bønner, drænet og skyllet
1 dåse tomater i tern
2 dl grøntsagsbouillon
1 kop tørrede linser, skyllet og drænet
2 tsk chilipulver
1 tsk spidskommen
Salt og peber efter smag
Instruktioner:

Varm olivenolie op i en stor gryde over medium-høj varme.

Tilsæt løg, hvidløg og peberfrugt og kog indtil løgene er
gennemsigtige.

Tilsæt dåsetomater, grøntsagsbouillon, linser og krydderier i gryden
og rør godt.

Tilsæt sorte bønner og lad det simre i 25-30 minutter eller indtil
linserne er møre.

Smag til med salt og peber efter smag.

91. Chili med svinekød og hvide bønner

Ingredienser:
1 lb svinekød skulder, trimmet og hakket
1 løg, hakket
2 fed hvidløg, hakket
2 dåser hvide bønner, drænet og skyllet
1 dåse tomater i tern
2 kopper hønsebouillon
2 tsk chilipulver
1 tsk spidskommen
Salt og peber efter smag
Instruktioner:

Kog svinekødet i en stor gryde ved medium-høj varme, indtil det er
brunet.
Tilsæt løg og hvidløg og steg indtil løgene er gennemsigtige.
Tilsæt dåsetomater, hønsebouillon og krydderier i gryden og rør godt.
Tilsæt hvide bønner og lad det simre i 20-25 minutter.
Smag til med salt og peber efter smag.

92.Kalkun og bønne chili

Ingredienser:

1 pund malet kalkun
1 løg, hakket
2 fed hvidløg, hakket
1 dåse kidneybønner, drænet og skyllet
1 dåse sorte bønner, drænet og skyllet
1 dåse tomater i tern
2 kopper hønsebouillon
2 tsk chilipulver
1 tsk spidskommen
Salt og peber efter smag
Instruktioner:

Kog malet kalkun i en stor gryde over medium-høj varme, indtil den er brunet.

Tilsæt løg og hvidløg og steg indtil løgene er gennemsigtige.

Tilsæt dåsetomater, hønsebouillon og krydderier i gryden og rør godt.

Tilsæt kidneybønner og sorte bønner og lad det simre i 20-25 minutter.

Smag til med salt og peber efter smag.

93.Sweet Potato og Black Bean Chili

Ingredienser:

2 spsk olivenolie
1 løg, hakket
2 fed hvidløg, hakket
1 rød peberfrugt, hakket
1 stor sød kartoffel, skrællet og skåret i tern
1 dåse sorte bønner, drænet og skyllet
1 dåse tomater i tern
2 dl grøntsagsbouillon
2 tsk chilipulver
1 tsk spidskommen
Salt og peber efter smag
Instruktioner:

Varm olivenolie op i en stor gryde over medium-høj varme.

Tilsæt løg, hvidløg og peberfrugt og kog indtil løgene er
gennemsigtige.

Tilsæt sød kartoffel, dåsetomater, grøntsagsbouillon og krydderier
til gryden og rør godt.

Tilsæt sorte bønner og lad det simre i 25-30 minutter, eller indtil
sød kartoffel er mør.

Smag til med salt og peber efter smag.

94. Oksekød og baconbønne chili

Ingredienser:

1 lb hakket oksekød
4 skiver bacon i tern
1 løg, hakket
2 fed hvidløg, hakket
1 dåse kidneybønner, drænet og skyllet
1 dåse tomater i tern
2 kopper oksebouillon
2 tsk chilipulver
1 tsk spidskommen
Salt og peber efter smag
Instruktioner:

Kog bacon i en stor gryde ved medium-høj varme, indtil det er sprødt. Fjern fra gryden og sæt til side.

Tilsæt hakkebøf til gryden og kog indtil brunet.

Tilsæt løg og hvidløg og steg indtil løgene er gennemsigtige.

Tilsæt dåsetomater, oksebouillon og krydderier til gryden og rør godt.

Tilsæt kidneybønner og lad det simre i 20-25 minutter.

Smag til med salt og peber efter smag. Top med sprød bacon.

Ingredienser:

2 spsk olivenolie
1 løg, hakket
2 fed hvidløg, hakket
1 rød peberfrugt, hakket
1 lille butternut squash, skrællet og skåret i tern
1 dåse kikærter, drænet og skyllet
1 dåse tomater i tern
2 dl grøntsagsbouillon
2 tsk chilipulver
1 tsk spidskommen
Salt og peber efter smag
Instruktioner:

Varm olivenolie op i en stor gryde over medium-høj varme.
Tilsæt løg, hvidløg og peberfrugt og kog indtil løgene er
gennemsigtige.
Tilsæt butternut squash, dåsetomater, grøntsagsbouillon og
krydderier i gryden og rør godt.
Tilsæt kikærter og lad det simre i 25-30 minutter eller indtil
squashen er møre.
Smag til med salt og peber efter smag.

96. Chili med kylling og hvide bønner med lime

Ingredienser:
1 lb udbenet, skindfri kyllingebryst, skåret i mundrette stykker
1 løg, hakket
2 fed hvidløg, hakket
1 dåse hvide bønner, drænet og skyllet
1 dåse tomater i tern
2 kopper hønsebouillon
Saft af 1 lime
2 tsk chilipulver
1 tsk spidskommen
Salt og peber efter smag
Instruktioner:

Kog kyllingen i en stor gryde ved medium-høj varme, indtil den er brunet.

Tilsæt løg og hvidløg og steg indtil løgene er gennemsigtige.

Tilsæt dåsetomater, hønsebouillon, limesaft og krydderier i gryden og rør godt.

Tilsæt hvide bønner og lad det simre i 20-25 minutter.

Smag til med salt og peber efter smag.

97.Oksekød og bønne chili med øl

Ingredienser:

1 lb hakket oksekød
1 løg, hakket
2 fed hvidløg, hakket
1 dåse kidneybønner, drænet og skyllet
1 dåse tomater i tern
1 kop øl
2 kopper oksebouillon
2 tsk chilipulver
1 tsk spidskommen
Salt og peber efter smag
Instruktioner:

Kog hakkebøf i en stor gryde ved medium-høj varme, indtil det er
brunet.

Tilsæt løg og hvidløg og steg indtil løgene er gennemsigtige.

Tilsæt dåsetomater, øl, oksebouillon og krydderier i gryden og rør
godt.

Tilsæt kidneybønner og lad det simre i 20-25 minutter.

Smag til med salt og peber efter smag.

98. Marokkansk lamme chili

Ingredienser:

2 lbs malet lam
2 spsk olivenolie
1 stort løg, hakket
4 fed hvidløg, hakket
2 røde peberfrugter, hakket
1 dåse (28 oz) tomater i tern, udrænet
2 dåser (15 oz hver) kikærter, drænet og skyllet
2 spsk harissa pasta
1 tsk stødt kanel
1/2 tsk malet ingefær
Salt og peber efter smag
Instruktioner:

Varm olivenolie op i en stor gryde over medium-høj varme.

Tilsæt løg og hvidløg og svits indtil løget er gennemsigtigt.

Tilsæt hakket lammekød og steg, indtil det er brunet.

Tilsæt rød peberfrugt og fortsæt med at koge i 5 minutter.

Tilsæt hakkede tomater, kikærter, harissa-pasta, kanel, ingefær, salt og peber.

Bring det i kog, reducer derefter varmen til lav og lad det simre i 30 minutter.

Server varm og nyd!

99.Irsk lamme chili

Ingredienser:

2 lbs malet lam
2 spsk olivenolie
1 stort løg, hakket
4 fed hvidløg, hakket
2 røde peberfrugter, hakket
1 dåse (28 oz) tomater i tern, udrænet
2 dåser (15 oz hver) cannellini bønner, drænet og skyllet
1 flaske irsk stout øl
2 spsk tomatpure
1 spsk brun farin
1 spsk Worcestershire sauce
1 tsk tørret timian
Salt og peber efter smag
Instruktioner:

Varm olivenolie op i en stor gryde over medium-høj varme.

Tilsæt løg og hvidløg og svits indtil løget er gennemsigtigt.

Tilsæt hakket lammekød og steg, indtil det er brunet.

Tilsæt rød peberfrugt og fortsæt med at koge i 5 minutter.

Tilsæt hakkede tomater, cannellini bønner, irsk stout beer, tomatpasta, brun farin, Worcestershire sauce, timian, salt og peber.

Bring det i kog, reducer derefter varmen til lav og lad det simre i 30 minutter.

Server varm og nyd!

100. **Frugt chilisuppe**

Ingredienser:

2 spsk olivenolie
1 stort løg, hakket
4 fed hvidløg, hakket
1 rød peberfrugt, hakket
1 grøn peberfrugt, hakket
2 jalapeñopeberfrugter, frøet og hakket
1 dåse (28 ounce) tomater i tern, udrænet
4 kopper grøntsags- eller hønsebouillon
1 tsk stødt spidskommen
1 tsk chilipulver
1 tsk tørret oregano
1 tsk salt
1/2 tsk sort peber
2 kopper hakket blandet frugt (såsom ananas, mango og fersken)
Saft af 1 lime
1/4 kop hakket frisk koriander
Instruktioner:

Varm olivenolie op i en stor gryde over medium-høj varme.
Tilsæt løg og hvidløg og svits indtil løget er gennemsigtigt.
Tilsæt røde og grønne peberfrugter og jalapeñopeber, og fortsæt
med at koge i 5 minutter.
Tilsæt hakkede tomater, bouillon, spidskommen, chilipulver,
oregano, salt og peber. Bring det i kog, reducer derefter varmen til
lav og lad det simre i 15 minutter.
Tilsæt hakket blandet frugt, limesaft og koriander, og fortsæt med
at koge i yderligere 5 minutter.
Server varm og nyd!

KONKLUSION

Vi håber, at denne kogebog har inspireret dig til at udforske chiliens rige og krydrede verden. Med 100 lækre og unikke opskrifter at vælge imellem, vil du være i stand til at varme dine smagsløg op og imponere dine venner og familie med dine kulinariske færdigheder.

Men denne kogebog er kun begyndelsen. Vi opfordrer dig til at eksperimentere med nye ingredienser og teknikker for at gøre disse opskrifter til dine egne. Chili handler om dristige og krydrede smage, og med en lille smule kreativitet kan du skabe dine egne unikke retter, der afspejler din egen smag og stil.

Tak fordi du tog med os på denne rejse for at opdage kunsten at lave chili. Vi håber, at denne kogebog har givet dig redskaberne og inspirationen til at skabe lækre og smagfulde retter, som vil varme dig op på selv de koldeste dage. God madlavning!.